»Master of Disaster« im Unterricht

INHALTSANGABE

u.1

Zwei außergewöhnliche jugendliche Protagonisten, eine herzhafte Rivalität, zahlreiche witzige, geistreiche Streiche und mitreißender Sprachwitz – dies sind die Zutaten des spannenden und unterhaltsamen Kinderromans von Stephan Knösel.

Für den zehnjährigen Quentin bricht beim Infoabend für die bevorstehende fünfte Klasse eine Welt zusammen: Seine schlimmste Mitschülerin Stella, unter der er schon seit der ersten Grundschulklasse leidet und die er nur Schlumpfine nennt, wird offenbar so wie er auf die Gesamtschule gehen. Gemeinsam mit seinem ideenreichen achtjährigen Bruder Vinzent schmiedet er Pläne, wie er es schaffen könnte, dass Stella doch aufs Gymnasium geht. Stella kommt ihm bei der Suche nach einer Lösung des Problems selbstbewusst entgegen: Er soll dafür sorgen, dass sie nicht mit ins Sommerferienlager nach Kärnten muss, für das sie von ihrer Mutter gegen ihren Willen angemeldet wurde. Dann käme sie auf eine Privatschule und er wäre sie los.

Quentin setzt alle Hebel in Bewegung und schafft es sogar, dass seine Familie vor dem Kroatienurlaub noch einige Tage im Ort des Ferienlagers Urlaub macht. Doch der erste Plan funktioniert leider nicht: Die zahlreichen Spinnen und anderen Krabbeltiere, die die beiden Brüder in einer alten Scheune einsammeln und in den Zelten des Camps aussetzen, um Chaos zu stiften, halten sich nicht an Quentins Vorstellung. Jetzt müssen größere Kaliber aufgefahren werden.

Da gerade das Maskottchen eines Fußballvereins im Hotel weilt, besorgen sich die beiden Brüder unbemerkt das riesige Löwenkostüm und wollen mithilfe von Bärengebrüll aus dem Lautsprecher einen nächtlichen Bärenangriff aufs Camp vortäuschen. Das ist gar nicht so abwegig, schließlich haben die beiden gelesen, dass es in Österreich einige Bären gibt. Dieser Plan klappt sogar besser als gedacht. Denn durch das Gebrüll aus dem Lautsprecher wird ein echter Bär angelockt, der alle Kinder und Betreuer zu Tode erschreckt. Jetzt, nachdem Stella wie die anderen Kinder abgeholt wird, rechnet Quentin fest damit, dass er sie in der fünften Klasse los ist.

Nach einem schönen Familienurlaub in Kroatien fällt Quentin aus allen Wolken, als Stella wieder in seiner Klasse sitzt. Darüber hinaus macht sie ihm das Leben schwer, indem sie ihm dauernd Streiche spielt und ihn vor seinen Mitschülern bloßstellt. Quentin wehrt sich. Zuerst schreibt er an Stellas Vater, der in Berlin lebt, einen anonymen Brief, in dem er ihm mitteilt, dass Stella viel lieber bei ihm leben würde. Aber dieser Plan misslingt, es hagelt für ihn Hausarrest. Auch der Liebesbrief, den Quentin in Stellas Namen an Herrn Fritsche schreibt, entfaltet nicht die beabsichtigte Wirkung.

Mithilfe von Onkel Jakob, der wie seine Mutter in der Gärtnerei arbeitet, verwandelt er nach den Weihnachtsferien den Schulhof in eine Eisbahn und lässt es so aussehen, als ob Stella dafür verantwortlich ist. Doch auch dieser Plan geht nicht auf.

Obwohl Herr Fritsche, ihr Klassenlehrer, Stella und Quentin zwingt, sich auszusprechen, und sich Quentin in den Wochen danach zu einem Musterschüler mausert, spürt er, dass er Stella von der Schule bringen muss.

Jetzt holt Quentin zum finalen Schlag aus: Beim Schulkonzert will er Stellas Auftritt so richtig versauen. Dazu besorgt er sich einen Eimer blaue Farbe, eine Angel und ein Huhn. Doch leider hat Ritesh, sein Banknachbar, der in Stella verknallt ist, seine Flamme in Quentins Plan eingeweiht. Dadurch wird nur die Schulpsychologin von der blauen Farbe getroffen. Und Direktor Brandl beordert ihn zum Rapport, um ihn, wie Quentin vermutet, von der Schule zu verweisen. Doch der Rektor trifft eine salomonische Entscheidung, die sowohl für Stella wie für Quentin die schlimmstmögliche Strafe ist ...

»Master of Disaster« ist ein flottes und zugleich geistreiches Stück Kinderliteratur. Stephan Knösel entwirft witzige Szenen mit grandiosen Dialogen, passenden Sprachbildern, netten Cliffhangern und mit einem ironischen Unterton, der sich gewaschen hat. Dabei wird der alltägliche familiäre und schulische Wahnsinn so kenntnisreich geschildert, dass man als Leser:in gar nicht mehr aufhören möchte. Der fein übers Buch hinweg gesponnene Spannungsbogen sorgt für zusätzliches Lesevergnügen. Auch deshalb ist Stephan Knösels Geschichte eine außergewöhnliche und glänzend geeignete Klassenlektüre.

U.2 DIDAKTISCHES PROFIL DES ROMANS

Wie jeder andere Unterricht auch muss die Behandlung eines Kinderromans einerseits an die Lernvoraussetzungen der Schüler:innen anknüpfen und damit assimilative Aspekte bieten, andererseits auch zusätzliche Anforderungen an das Verstehen stellen. Das didaktische Potenzial des Romans als Unterrichtslektüre liegt damit in der Verknüpfung von vertrauten, assimilativen und eher neuen, akkomodativen Aspekten*. Vertraute Charakteristika des Textes sorgen dafür, dass die Schüler:innen von sich aus einen Zugang zum Text finden können und dass Anknüpfungsmöglichkeiten für eine eigene Textdeutung vorhanden sind (Assimilation). Dieser Aspekt betrifft das lesefördernde Potenzial. Neue, zusätzliche Anforderungen, die der Text an ein Verstehen der Schüler:innen stellt, betreffen eher den Bereich des literarischen Lernens. Im Überblick lässt sich das didaktische Profil von »Master of Disaster« folgendermaßen darstellen:

* vgl. Rank, Bernhard (2005): Leseförderung und literarisches Lernen. In: Lernchancen, 8. Jg., H. 44, S. 4–9

Dimension des Textes	Das Vertraute: Möglichkeit zur Assimilation (Leseförderung)	Das Neue: Notwendigkeit zur Akkommodation (literarisches Lernen)
Wirklichkeitsbezug	▶ Fiktive Geschichte mit realen Bezügen	▶ Fiktionales Geschehen
Thematik	▶ Schule ▶ Schulwechsel ▶ Familienzusammenhalt ▶ Streit ▶ Streiche spielen ▶ Geschwister ▶ Sommerurlaub	▶ Halblegale Streiche ▶ Feriencamp/Zeltlager ▶ Geschlechterrollen
Figuren	▶ Positive Identifikationsangebote für Mädchen und Jungen durch Stella, Quentin und Vinzent sowie Quentins Eltern ▶ Positive Identifikationsangebote durch die Lehrer sowie Direktor Brandl ▶ Negative Identifikationsangebote durch das alte Ehepaar	▶ Empathie mit ambivalenten Figuren, v.a. Stella und Quentin ▶ Durchbrechung von Geschlechterrollen: Quentins Mutter (selbstbewusst, entscheidungsstark), Quentins Vater (Hausmann, einlenkend) und Stella (selbstbewusst, konfliktbereit, hintertrieben)

Dimension des Textes	Das Vertraute: Möglichkeit zur Assimilation (Leseförderung)	Das Neue: Notwendigkeit zur Akkommodation (literarisches Lernen)
Sprache/Stil	▸ Spannung ▸ Äußere und innere Handlung ▸ Dialoge ▸ Jugendsprache ▸ Witzige Streiche und Dialoge	▸ Vergleiche, Metaphern und Symbolik
Literarische Formelemente/ Erzählkonzept	▸ Ich-Perspektive Quentin ▸ Lineares Erzählen ▸ Vereinzelte Rückblenden ▸ Kapitelgliederung	▸ Rahmenerzählung ▸ Vorausdeutungen (Prolepsen) ▸ Ambivalenter Schluss ▸ Cliffhanger

Die Übersicht verdeutlicht die gelungene Mischung aus leseförderndem Potenzial und Notwendigkeiten zur Akkomodation bestehender Verstehensschemata. Besonders geeignet ist »Master of Disaster« für die Klassenstufen 5–7. Die Stärke des Romans als Unterrichtslektüre liegt in den vielfältigen Identifikationsangeboten für Mädchen und Jungen, in der thematischen Breite sowie in der Vielfalt der sprachlichen Mittel. Die Erzählperspektive (die Leser:innen erleben das Geschehen aus Quentins Sicht) vermittelt gleichzeitig Nähe und Distanz zum erzählten Geschehen.

LITERARISCHES PROFIL DES ROMANS

Themen und Motive

In Stephan Knösels Kinderroman werden zahlreiche thematische Stränge kunstvoll verwebt. Im Mittelpunkt steht die *Rivalität* bzw. der *Streit* der beiden Hauptfiguren, Stella und Quentin. Diese Rivalität dauert zu Beginn der Handlung schon vier Jahre an und prägt aus Quentins Sicht seine Grundschulzeit maßgeblich. Schon von Beginn der ersten Klasse an ist ihm Stella unsympathisch. Dass er sehr viel an Zeit und Ideen investiert, um ihr nach der vierten Klasse aus dem Weg gehen zu können, macht klar, wie sehr ihn diese Feindschaft zu Stella beschäftigt. Während Stella in der Grundschulzeit aus Quentins Sicht eher typische Verhaltensweisen von Mädchen zeigt (schleimt, kann auf Kommando weinen), verändert sich ihr Verhalten im Laufe der Geschichte immer mehr. So teilt auch sie ordentlich aus und sorgt dafür, dass der Start in die fünfte Klasse für Quentin alles andere als einfach ist. Dabei schreckt sie auch vor halbkriminellen bzw. illegalen Handlungen nicht zurück: Sie bestiehlt zum Beispiel eine Lehrerin und schiebt die Tat Quentin in die Schuhe. Zum Ende hin schaukeln sich die gegenseitigen Streiche, trotz Herrn Fritsches Intervention, weiter hoch, sodass die Leser:innen am Schluss des Buchs nicht sicher sein können, ob mit dem missglückten Streich beim Schulkonzert und Direktor Brandls ungewöhnlicher Bestrafung die Feindschaft der beiden Hauptfiguren zu Ende ist oder erst richtig beginnt.

Dass sowohl Stella als auch Quentin ihre Feindschaft außerdem ein Stück weit genießen und punktuell Sympathie für den anderen empfinden, kann vermutet werden. Explizit wird dies nur sehr vage geschildert.

Auffällig sind auch die geschlechterrollenspezifischen Charakterprofile der beiden Hauptfiguren. Stephan Knösel konzipiert Stella und Quentin als androgyn gefärbte Charaktere. Stella wirkt einerseits oft sehr selbstbewusst, machtvoll, durchsetzungsstark und egozentrisch. Gleichzeitig wird sie als relativ hübsch und als Pferdeliebhaberin beschrieben (was allerdings für den Verlauf der Geschichte keine Bedeutung entfaltet). Ihr Gegenpart Quentin ist einerseits entscheidungsstark und mutig, schreckt sogar vor äußerst risikoreichen und halblegalen Aktionen nicht zurück. Andererseits wirkt er in einigen Situationen sensibel und stark emotional gestrickt. Durch diese kontrastreichen Figurenprofile können sich alle Leser:innen an die Hauptfiguren andocken.

Die Rivalität zwischen Stella und Quentin kommt so richtig in einer sensiblen schulbiographischen Phase der beiden ins Rollen, dem *Wechsel von der Grundschule zur weiterführenden Schule*. Es wird deutlich, dass dieser Wechsel aufseiten der Schüler:innen und ihrer Eltern mit zahlreichen Erwartungen und oft auch Anforderungen und Enttäuschungen verbunden ist. So würde Quentin eigentlich gern ein Gymnasium besuchen, dafür sind aber seine schulischen Leistungen in der vierten Klasse zu schlecht. Stella erzählt vorher in der Klasse herum, dass sie ohnehin ins Gymnasium kommen wird, landet dann aber ebenfalls wie Quentin auf der Gesamtschule, weil sie auch nicht gut genug ist und sich ihre Mutter eine Privatschule nicht leisten kann. Dass dieser Schulwechsel insbesondere für Quentin belastend ist, zeigt sich an den abfallenden Noten in der fünften Klasse und der Angst vor dem gewalttätigen Mitschüler Daniel, aber auch an seiner Unsicherheit im Umgang mit der riesigen Schule.

Der Familienzusammenhalt bildet zu den schulischen Schwierigkeiten und dem Streit mit Stella den Kontrapunkt in Quentins Leben. Er versteht sich mit beiden Elternteilen trotz mancher Meinungsverschiedenheit und manchen Streits sehr gut. Die Eltern gehen sehr wertschätzend und vertrauensvoll mit ihren Kindern um, obwohl Quentin sie oft anschwindelt. Besonders zu seinem achtjährigen Bruder Vinzent hat Quentin ein sehr enges Vertrauensverhältnis. Vinzent wirkt im Umgang mit Quentin mitunter schon fast wie ein älterer Bruder, weil er Ansätze zu Lebenserfahrung und Abgeklärtheit hat, die Quentin eher fremd sind. Auffällig ist, dass die Elternrollen in Quentins Familie gewissermaßen vertauscht sind: Der Vater ist Hausmann, die Mutter sorgt fürs Familieneinkommen und entscheidet letztlich über die Urlaubsplanung der Familie. Onkel Jakob spielt eine zentrale Rolle für Quentins Erwachsenwerden: Er ist für ihn eine Art freundschaftlicher Mentor aus der Erwachsenenwelt, der ihm wohlgesinnt ist und ihn in seinen Plänen, seien sie auch noch so skurril, unterstützt.

Erzählkonzept

Schauplätze des Romans sind eine nicht mit Namen benannte Stadt in der Nähe von München sowie die fiktive Stadt Mitterdorf in Kärnten in Österreich. Wichtige Orte in Mitterdorf sind das Hotel, die Scheune und das Feriencamp am See. In der Stadt spielt die Handlung hauptsächlich bei Quentin zu Hause (er wohnt in einem vierstöckigen Mehrfamilienhaus) und in der Schule sowie in der Gärtnerei, wo seine Mutter und Onkel Jakob arbeiten.

Der Roman schildert im Kern den Zeitraum von ungefähr sieben Monaten, und zwar vom Ende der vierten Klasse bis zum Schulkonzert zu Beginn des neuen Jahres. In einigen Kapiteln werden Geschehnisse aufgegriffen, die vor der eigentlichen Handlung passiert sind (z.B. die Kindheit und Grundschulzeit, Kap. 1).

Das erzählte Geschehen wird linear aus der Ich-Perspektive von Quentin erzählt. Der Roman ist durchgängig im Präteritum verfasst. Einige Zeitraffungen (z.B. der Urlaub in Kroatien, Kap. 19) verdichten das Geschehen.

Zahlreiche andeutende Prolepsen am Ende einiger Kapitel erfüllen die Funktion eines Cliffhangers, so zum Beispiel am Ende von Kapitel 3 oder 19. Andere Prolepsen gibt es zum Beispiel auf Seite 192/ES* S. 132 (»damit hatte ich nicht gerechnet«) und Seite 216 (»Beziehungsweise bald nur noch zwei, wenn mein Plan funktionierte«).

Immer wieder wird der Handlungsstrom durch selbstreflexive Überlegungen Quentins unterbrochen, so zum Beispiel bei der Darstellung der Elternrollen (Kap. 1) oder bei der Rezeption (Kap. 18).

Stephan Knösel baut darüber hinaus an wichtigen Stellen Leseransprachen ein, zum Beispiel in den Parts der Rahmenhandlung (S. 5, 9, 16, 66, 138) (ES S. 5, 7, 12, 56, 62, 110, 115) oder auch an anderen Stellen (S. 16, 140).

Sprache

Der Roman ist größtenteils in altersgemäßer Sprache und parataktischem bzw. begrenzt hypotaktischem Satzbau verfasst. Zahlreiche Dialoge ermöglichen, dass die doch relativ große Textmenge auch von jüngeren bzw. ungeübten Leser:innen bewältigt werden kann.

Immer wieder lässt Stephan Knösel jugendsprachliche Ausdrücke und Flüche einfließen, zum Beispiel »sind wir am Arsch«, S. 22; »Hatte die Arschkarte gezogen«, S. 23; »So eine Bitch«, S. 43 (ES: »Super-

* Ausgabe in Einfacher Sprache (Gulliver, 2024)

bitch«, S. 7); »wo man sich nicht gleich den Arsch abfrier ...«, »Hört endlich auf mit dem Scheiß«, beides S. 46 (ES »dass ich dann nicht so viel Scheiß mache«, S. 22); »Das ist doch totaler Scheiß«, S. 101.

Zahlreiche Szenen sind witzig bis skurril und erzeugen großes Lesevergnügen. Besonders originell sind die Streiche mit den Krabbeltieren und dem Löwenkostüm im Feriencamp oder der Liebesbrief an Herrn Fritsche, der Schulhof als Eisfläche und das von Stephen King entliehene Motiv des versauten Schulkonzerts.

Spannungsbögen des Romans

Die Spannung des Romans speist sich für die Leser:innen vor allem aus zwei Fragen: zum einen, wie sich die Feindschaft zwischen Quentin und Stella entwickelt und wer von beiden am Ende »gewinnen« wird. Zum anderen geht es für die Leser:innen auch um die Frage, warum Quentin vor dem Schulausschluss steht, wie das Huhn in das Zimmer des Direktors kommt und welche Rolle es bei den Streichen von Quentin spielt bzw. gespielt hat. Beide Spannungsbögen werden am Ende kunstvoll zu einem Abschluss gebracht: Die Leser:innen erfahren, in gewisser Hinsicht zeitgleich mit dem Direktor, wie alles passiert ist, und die beiden Streithähne werden vom Direktor mit der größtmöglichen Strafe belegt: Sie müssen ab sofort in der ersten Reihe nebeneinander sitzen.

Da wir als Leser:innen nicht wissen, ob sich Stella und Quentin weiterhin gegenseitig das Leben schwermachen oder ob aus dem Streit so etwas wie eine Freundschaft werden kann, hat der Romanschluss auch teiloffenen Charakter.

Spannungshöhepunkte sind der Bären-Löwen-Streich im Feriencamp, der Feueralarm im Hotel, der Schulhof-Eisbahn-Streich und das Schulkonzert am Ende des Romans.

Vergleiche, Metaphern und weitere Stilmittel

Stephan Knösel operiert in seinem Roman mit zahlreichen sprachlichen Bildern und weiteren Stilmitteln, die das Lesevergnügen erhöhen und zusätzliche Bedeutungsschichten erschließen.

Vergleiche sind beispielsweise:

- »wie in einem Cabrio« (S. 5)
- »Es war wie im Paradies!« (S. 11)
- »als hätte ein gewaltiger Riese mit seinen Bauklötzen gespielt« (S. 18)
- »Vinz strahlte wie ein Weihnachtsstern« (S. 29)
- »als würde er zwei Silvesterraketen anzünden« (S. 34)
- »als würde ich mit zwei leeren Koffern in einer riesigen Schatzkammer stehen« (S. 35)
- »als hätte sie ihr Gehirn über Nacht im Kühlschrank gelagert und morgens vergessen, es wieder reinzutun« (S. 40)
- »als wäre gerade der Fernseher kaputtgegangen« (S. 45)
- »rot wie ein Weihnachtsapfel« (S. 59)
- »so heftig wie ein Presslufthammer« (S. 65)
- »als würde ich aus einem Traum aufwachen« (S. 66)
- »wie die Sickergrube in Schlumpfines Zeltlager« (S. 76)
- »als hätte ich gerade einen Eimer Nacktschnecken auf ihren Teller gekippt« (S. 76)
- »als hätte sich das Hotel in einen riesigen Wecker verwandelt« (S. 83)
- »die wie ein Kartenhaus jeden Moment zusammenklappen konnte« (S. 87)
- »wie ein Fisch, den man aus dem Wasser zieht« (S. 94)
- »schrie los, als hätte sie keine Spinne, sondern einen Zombie an der Hand kleben« (S. 95)
- »als würde sie den Mount Everest hochklettern« (S. 112)
- »wie ein Formel-1-Rennwagen« (S. 114)
- »wie zwei Eichhörnchen im Winter« (S. 122)
- »ungefähr so wie Papa nach seiner Überdosis Spareribs vorhin« (S. 125)
- »als wollten sie uns begrüßen« (S. 136)
- »als wäre ich eine Giraffe im Zoo« (S. 138)
- »als versuchte sie, allein mit der Kraft ihrer Gedanken ein Maschinengewehr herbeizuzaubern« (S. 162 f.)
- »als hätte ich gerade ein Baby mit Schnee eingeseift« (S. 206)
- »Und da grinste Stella schon wie die aufgehende Morgensonne.« (S. 227)

Metaphorische Sprachbilder sind zum Beispiel:

- »dazu gab es auch noch Süßigkeiten bis zum Umfallen« (S. 11)
- »Aber von ›nett‹ war Stella Lichtjahre entfernt.« (S. 13)
- »der Traum zerplatzte« (S. 19)
- »die Luft war rein« (S. 106)
- »Und es war kurz davor, zu explodieren!« (S. 142)
- »Diese Hexe!« (S. 227)

Personifikationen finden sich unter anderem hier:

- »Es lag traurig in einem Regal und wartete quasi nur darauf, dass jemand mit ihm spielte.« (S. 123)

Knösel baut auch einige *Ellipsen* ein:

- »Bei Schlumpfine.« (S. 20)
- »Aber egal.« (S. 140)
- »Zum Beispiel einen Liebesbrief schreiben. An den Lieblingslehrer.« (S. 158)
- »Stritt alles ab. Ohne mit der Wimper zu zucken.« (S. 167)
- »Aus. Äpfel. Amen.« (S. 209)
- »Mit Direktor Brandl. Und Ritesh!« (S. 225)
- »NEBEN. EIN! ANDER!!« (S. 231)

Hyberbeln finden sich unter anderem hier:

- »ein etwa zehn Meter großes Grinsen« (S. 26)
- »Und mit ›alt‹ meine ich mindestens zweihundert.« (S. 75)
- »dass sie gerade als Sechstausenddreizehnte in diesem Sommer in eine Sickergrube gekackt hatte« (S. 92)
- »Wir brauchten eine ganze Armee davon.« (S. 96)
- »und ungefähr auf Stufe dreißig« (S. 132)

Intertextuelle Bezüge gibt es zu den »Drei-Fragezeichen-Hörspielen« (S. 205) oder zu Stephen Kings »Carrie« (S. 214).

Cliffhanger finden sich an vielen Stellen, vor allem an den Enden der Kapitel, so zum Beispiel auf den Seiten 25, 31 und 184.

Kurzfassung in Einfacher Sprache

Der Text wurde für die Kurzfassung in Einfacher Sprache um ca. 60 Prozent auf 163 Seiten gekürzt. Die Handlung bleibt erhalten. Allerdings fallen ausschmückende Elemente (z. B. Vinzent als Globalisierungskritiker) und Gedankengänge der Figuren teilweise weg. Dialoge wurden zusammengefasst. Redewendungen und Metaphern sind nur erhalten geblieben, wo sie sich aus dem Kontext erschließen lassen. Bei manchen langen bzw. seltenen Wörtern (z. B. Infoabend, S. 11; Lieblingsneffe, S. 45; Hausarrest, S. 57; Antennenkabel, S. 58; Weihnachtsmann, S. 120; Terrassentür, S. 126) wurden Mediopunkte verwendet, um sie leichter lesbar zu machen. Knapp 50 Wörter werden in einem Glossar am Ende erklärt.

Auch die Kurzfassung in Einfacher Sprache bietet einzelne Stilmittel:

- *Vergleiche:* »fast zu schön wie in einem Traum«, S. 14; »wie in der Werbung«, S. 38; »süß wie ein kleiner Hund«, S. 39
- *Metaphorische Sprachbilder:* »dann zerplatze der Traum«, S. 14; »Diese Hexe!«, S. 159
- *Ellipsen:* »Zum Beispiel einen Liebesbrief schreiben, an den Lieblingslehrer«, S. 109; »Zwei Wochen ohne Schlumpfine!«, S. 118; »Mit Direktor Brandl! Und Ritesh!«, S. 157
- *Hyperbeln:* »Und mit alt meine ich mindestens 200«, S. 54
- *Intertextuelle Bezüge:* Stephen Kings »Carrie«, S. 149

DEUTUNGSPERSPEKTIVEN

»Master of Disaster« lässt hinter der actionreichen und witzigen Handlung mehrere Deutungen zu. Zum einen veranschaulicht der Roman das Bedürfnis von Kindern an der Schwelle zur Pubertät nach echter, authentischer und tiefer Freundschaft und Halt im Leben. Eigentlich suchen Quentin und Stella beide eine feste Freundschaft, wenn auch nicht miteinander. Auffällig ist, dass sowohl Quentin als auch Stella eine solche Freundschaft nicht haben, außer dass Quentin mit seinem kleinen Bruder durch dick und dünn geht. Auch die beginnende Freundschaft von Quentin mit seinem Klassenkameraden Ritesh scheitert am Ende zum Teil, weil Ritesh Quentins Plan an Stella verrät, in die er verknallt ist. Von Stella erfahren wir nichts über Freundschaften zu anderen Mädchen oder Jungen.

Zum anderen zeigt Stephan Knösel, dass Kinder äußerst kreativ und zielstrebig sind und ihre Vorhaben in die Tat umsetzen können. Quentin gelingt es, den Familienurlaub zu erweitern und für einen Abbruch des Zeltlagers zu sorgen. Auch einen Schulhof in eine Eisbahn zu verwandeln, braucht Mut und Tatkraft. Dagegen wirken die Erwachsenen, Eltern wie Lehrer:innen, im Roman größtenteils eher gesetzt und wenig entschlussfreudig. Ausnahmen bilden die Ausspracheaktion von Herrn Fritsche und die Entscheidung von Direktor Brandl.

METHODENKISTE

u.5

Die folgende »Methodenkiste« ist als Ideen-Pool zur Planung einer Unterrichtseinheit zum Roman »Master of Disaster« gedacht. Sie verbindet anzustrebende Kompetenzen im Deutschunterricht mit möglichen Textumgangsweisen in einem Unterricht zum Roman. Dabei beziehen wir uns auf die von der Kultusministerkonferenz (KMK) verabschiedeten »Bildungsstandards für das Fach Deutsch für den Mittleren Bildungsabschluss«, die die verbindliche Grundlage für alle in den Ländern zu entwickelnden Lehr- und Bildungspläne in der Sekundarstufe I darstellen.

In der rechten Spalte geben wir jeweils mögliche Beispiele für eine konkrete Umsetzung im Unterricht. Hier finden sich auch Verweise zu den Kopiervorlagen und Infoblättern in diesem Heft. Zahlreiche methodische Möglichkeiten sprechen mehrere Bildungsstandards an. Wir haben uns zum Zwecke der Übersichtlichkeit jeweils für einen Bildungsstandard des Bereiches 3.3 (»Lesen – mit Texten und Medien umgehen«) entschieden. Häufig lassen sich auch evidente Bezüge zu den Bildungsstandards der anderen Bereiche herstellen.

Darüber hinaus stehen die vorgeschlagenen Methoden in Verbindung mit einem fächerübergreifenden Ansatz (v.a. mit Erdkunde, Biologie, Ethik, Religion oder anderen Fächern), den Sie je nach Klassensituation, Vorwissen und Interessen der Schüler:innen modifizieren können.

Bildungsstandards	Methoden	Beispiele
→ Verschiedene Lesetechniken beherrschen		
• Über grundlegende Lesefertigkeiten verfügen: flüssig, sinnbezogen, überfliegend, selektiv, navigierend lesen	• Ein Kapitel bzw. eine besonders wichtige oder spannende Stelle vorlesen • Die Auswahl individuell begründen	• Quentin, Vinzent, Stella und die Wasserbomben (Kap. 3) • Textstellen nach Wahl
	• Einen Textausschnitt mit verteilten Rollen lesen	• Gespräche Stella/Quentin (Kap. 4)
	• Bestimmte Textinhalte auffinden	• Mit dem Zeilometer arbeiten → **k.1** • Romananfang (Kap. 1–4) → **k.2** • Spinnenalarm (Kap. 10–16) → **k.4** • Zitate der Figuren (Kap. 17–19) → **k.5** • Briefe und mehr (Kap. 20–24) → **k.6**
	• Ein den Text erschließendes Unterrichtsgespräch anhand von Leitfragen führen	• Warum kann Quentin Stella nicht leiden? • Warum ändert Onkel Jakob seine Meinung? (Kap. 27) → **k.7**
	• Ein Kapitel oder einen Textabschnitt gestaltend vorlesen und aufnehmen	• Quentins Kindheit und Grundschulzeit (Kap. 1) • Im Besprechungsraum (Kap. 31)
→ Strategien zum Leseverstehen kennen und anwenden		
• Leseerwartungen und -erfahrungen bewusst nutzen	• Eine Mindmap/einen Cluster mit Assoziationen erstellen (Impulse durch Titel, Umschlagbild, Klappentext, Autor); damit einhergehend eine Leseerwartung aufbauen, Vorwissen aktivieren; ein Lesemotiv formulieren	• Freundschaft • Streit und Rivalität • Eltern und Kinder • Schulwechsel
	• Bezüge zur eigenen Lebenswirklichkeit herstellen	• Globalisierungsgegner (Kap. 1–4) → **k.2** • Figurenprofile (Kap. 5–9) → **k.3** • Streiche und Aktionen (Kap. 5–9) → **k.3** • Der Bären-Löwen-Plan (Kap. 17–19) → **k.5** • Mobbing? (Kap. 20–24) → **k.6** • Onkel Jakobs Entscheidung (Kap. 25–31) → **k.7** • Ritesh erzählt den Plan weiter (Kap. 32–35) → **k.8** • Direktor Brandls Entscheidung (Kap. 32–35) → **k.9**
	• Die Erzählkonstruktion analysieren	• Rahmenerzählung (ganzer Roman) → **k.9** • Rückblenden im Roman auffinden • Äußere und innere Handlung • Cliffhanger auffinden

Bildungsstandards	Methoden	Beispiele
• Verfahren zur Textstrukturierung kennen und selbstständig anwenden	• Wesentliche Textstellen kennzeichnen	• Die drei Hauptfiguren (Kap. 1–4) → **k.2** • Witzige Textstellen (Kap. 10–16) → **k.4** • Quentins Gefühle und Stimmungen (Kap. 17–19) → **k.5** • Stellas Streiche (Kap. 20–24) → **k.6** • Spannende Textstellen (ganzer Roman) → **k.9** • Rahmenerzählung untersuchen (ganzer Roman) → **k.9**
	• Den Text gliedern	• Stichwörter ordnen (Kap. 10–14) → **k.4** • Stellas Streiche (Kap. 20–24) → **k.6** • Lückensätze (Kap. 25–31) → **k.7** • Tabellarische Kapitelübersicht → **i.4**
	• Kapitel- bzw. Abschnittsüberschriften formulieren	• Überschriften zu einzelnen bzw. allen Kapiteln verfassen (vgl. → **i.4**)
	• Fragen aus dem Text ableiten	• Was sind die Vor- und Nachteile des Schulwechsels nach der Grundschule? • Welche Aktionen und Streiche sind legal bzw. illegal? • Hat das Buch ein Happy End?
	• Bezüge zwischen Textteilen herstellen	• Witzige Textstellen (Kap. 10–16) → **k.4** • Quentins Gefühle (Kap. 17–19) → **k.5** • Rahmenerzählung (ganzer Roman) → **k.9**
• Verfahren zur Textaufnahme kennen und nutzen	• Texte und Textabschnitte stichwortartig zusammenfassen	• Die drei Hauptfiguren (Kap. 1–4) → **k.2** • Mindmap zu Stella, Quentin und Vinzent (Kap. 1–9) → **k.3** • Krabbeltiere (Kap. 10–16) → **k.4** • Stimmungskurve Quentin (Kap. 17–19) → **k.5**
	• Eine Inhaltsangabe mithilfe von Satzstreifen oder anderen Hilfsmitteln erstellen	• Lückentext (Kap. 1–4) → **k.2** • Krabbeltieralarm (Kap. 10–16) → **k.4** • Satzteile (Kap. 25–31) → **k.7**
	• Eine wichtige Textstelle visualisieren	• Die Hauptfiguren (Kap. 5–9) → **k.3** • Standbilder: Stella und Quentin (Kap. 5–9) → **k.3** • Rollenspiel: Briefe von Quentin (Kap. 20–24) → **k.6** • Der Schulhof als Eisbahn (Kap. 25–31) → **k.7** • Das Schulkonzert als Comic oder Fotostory (Kap. 32–35) → **k.8**
	• Zu vorgegebenen Antworten Fragen verfassen	• Höhere Gewalt (Kap. 5–9) → **k.3**
	• Fragen zum Text beantworten	• Stellas Streiche (Kap. 20–24) → **k.6** • Onkel Jakobs Entscheidung (Kap. 25–31) → **k.7** • Ritesh und Stella (Kap. 32–35) → **k.8**
	• Einen Lückentext bearbeiten	• Quentin und Stella (Kap. 1–4) → **k.2** • Der Schulhof als Eisbahn (Kap. 25–31) → **k.7** • Satzanfänge (Kap. 32–35) → **k.8** • Inhaltsangabe zum ganzen Roman als Lückentext
	• Aussagen am Text überprüfen	• Ein besorgter Mitschüler (Kap. 20–24) → **k.6** • Die Rahmenerzählung
	• Aussagen erklären und konkretisieren	• Krabbelalarm im Camp (Kap. 10–16) → **k.4** • Der Bären-Löwen-Plan (Kap. 17–19) → **k.5** • Stellas Streiche (Kap. 20–24) → **k.6** • Riteshs Entscheidung (Kap. 32–35) → **k.8**
	• Stichwörter formulieren und damit ein Kapitel nacherzählen	• Der Insektenplan (Kap. 10–16) → **k.4** • Die Streiche zum ganzen Roman → **k.9**

Bildungsstandards	Methoden	Beispiele
→ Literarische Texte verstehen und nutzen		
• Ein Spektrum altersangemessener Werke – auch Jugendliteratur – bedeutender Autorinnen und Autoren kennen	• Leben und Werk des Autors kennenlernen	• Der Autor → **i.1** • Interview mit Stephan Knösel → **i.2**
	• Thematisch verwandte Jugendromane kennenlernen	• Vgl. → **i.5**
• Zentrale Inhalte erschließen	• Ein Unterrichtsgespräch zum Text anhand von Leitfragen führen	• Schulwechsel (Kap. 1–4) → **k.2** • Legalität und Illegalität der Aktionen (Kap. 5–9) → **k.3** • Durchdachte Pläne? (Kap. 17–19) → **k.5** • Streiche und Mobbing? (Kap. 20–24) → **k.6** • Die Wahrheit sagen? (Kap. 32–35) → **k.8**
	• Einsatz anderer Medien / inhaltlich entsprechend orientierter Zusatztexte zur Erarbeitung der Romanthemen	• Weiterführende Literatur → **i.5** • Filme, Hörfunkbeiträge, Zeitschriftenartikel und Internetquellen zu Themen des Romans
• Wesentliche Elemente eines Textes erfassen, z. B. Figuren, Raum- und Zeitdarstellung, Konfliktverlauf	• Den zeitlichen Verlauf des Romans erarbeiten und darstellen	• Kapitelübersicht zum Roman → **i.4** • Stimmungskurve für Quentin → **k.5** • Alle Streiche → **k.9** • Spannungskurve → **k.9** • Überblicksplakat zum Roman gestalten
	• Eine Figurenkonstellation / ein Soziogramm erarbeiten	• Figurenkonstellation → **i.3** • Grafische Umsetzung der Figurenkonstellation
	• Die Beziehung zwischen Figuren herausarbeiten	• Quentin/Stella zu Beginn/am Ende des Romans • Beziehung Quentin/Vinzent (ganzer Roman)
	• Figuren charakterisieren; relevante Textstellen mithilfe der Kapitelübersicht auffinden	• Quentin, Vinzent und Stella (Kap. 1–4) → **k.2** • Mindmap und Steckbrief zu den Hauptfiguren (Kap. 5–9) → **k.3** • Quentins Gefühlsleben (Kap. 17–19) → **k.5** • Onkel Jakob (Kap. 25–31) → **k.7** • Riteshs Entscheidung (Kap. 32–35) → **k.8** • Interview mit den Hauptfiguren → **k.9** • Kapitelübersicht → **i.4**
	• Handlungsräume analysieren, auch hinsichtlich der Symbolik	• Das Garagendach als Rückzugsort (Kap. 1–4) • Der Notausgang (Kap. 5–9) • Die Spinnenscheune und das Camp (Kap. 10–16) • Der Wald als Gefahrenort (Kap. 17–19) • Eisbahn (Kap. 25–31)
	• Ein Thema bzw. Motiv über den ganzen Roman hinweg verfolgen	• Streit und Rivalität • Geschwisterfreundschaft • Jungen und Mädchen • Schulwechsel als wichtiger Lebensabschnitt • Angst und Mut
	• Den Konfliktverlauf zwischen Figuren grafisch bzw. verbal darstellen	• Beziehungskurve Quentin/Vinzent bzw. Stella/Quentin
• Wesentliche Fachbegriffe zur Erschließung von Literatur kennen und anwenden	• Die Erzählperspektive wechseln: eine Textstelle aus anderer Perspektive erzählen	• Die Wasserbomben aus Stellas Sicht (Kap. 1–4) • Der Bär aus Stellas Sicht (Kap. 17–19) • Das Schulkonzert aus Riteshs Perspektive (Kap. 32–35)
	• Äußere und innere Handlung unterscheiden	• Quentins Gefühle (Kap. 17–19) → **k.5** • Rätselhafte Briefe (Kap. 20–24) → **k.6**
	• Leerstellen des Romans füllen	• Die Diskussion bei Stella zu Hause über ihre schulische Zukunft (Kap. 20) • Herr Mackert erhält einen Brief • Onkel Jakob in der Polizeikontrolle (Kap. 28)
	• Den Spannungsverlauf untersuchen / eine Spannungskurve erstellen	• Der Bärenüberfall (Kap. 17–19) • Spannungskurve zum gesamten Roman → **k.9**

Bildungsstandards	Methoden	Beispiele
• Wesentliche Fachbegriffe zur Erschließung von Literatur kennen und anwenden (Forts.)	• Einen inneren Monolog einer Figur verfassen	• Stella nach dem Wasserbombenwurf (Kap. 3) • Quentin nach dem Eisbahn-Streich (Kap. 28) • Tagebucheinträge der Figuren am Romanende
• Sprachliche Gestaltungsmittel in ihren Wirkungszusammenhängen und in ihrer historischen Bedingtheit erkennen, z. B. Wort-, Satz- und Gedankenfiguren, Bildsprache (Metaphern)	• Die Namen von Figuren oder Schauplätzen unter die Lupe nehmen	• Quentin, Vinzent und Stella etymologisch • Wald als Ort der Gefahren
	• Sprachliche Bilder/Metaphern und mögliche Symbole im Text erkennen, ihre Bedeutung verstehen und über ihre Leistungen diskutieren	• Vergleiche und Metaphern im Roman auffinden (Kap. 1–4) → **k.2** • Eigene Vergleiche verfassen (Kap. 1–4) → **k.2**
	• Redeformen (Figurenrede, Erzählerrede) identifizieren	• Rollenspiele (Kap. 20–24) → **k.6** • Gespräch mit Onkel Jakob (Kap. 27)
	• Stilaspekte untersuchen	• Jugendsprachliche Ausdrücke • Witzige Textstellen auffinden (Kap. 10–16) → **k.4** • Rückblenden auffinden: Kindheit (Kap. 1) • Spannungskurve erstellen (ganzer Roman) → **k.9** • Äußere und innere Handlung • Cliffhanger
• Eigene Deutungen des Textes entwickeln, am Text belegen und sich mit anderen darüber verständigen	• Eine kontroverse Diskussion zu bestimmten Aspekten oder Figuren führen	• Legal oder illegal (Kap. 5–9) → **k.3** • Wie ist der Bärenplan? (Kap. 17–19) → **k.5** • Jakobs Entscheidung (Kap. 25–31) → **k.7** • Riteshs Loyalität (Kap. 32–35) → **k.8** • Die Strafe von Direktor Brandl (Kap. 35) → **k.9**
	• Mittels Alter-Ego-Technik die möglichen Gedanken von Figuren darstellen	• Ein besorgter Mitschüler (Kap. 20–24) → **k.6** • Das Schulkonzert (Kap. 32–35)
	• Den Spannungs- bzw. Stimmungsbogen des Romans/eines Kapitels grafisch darstellen	• Spannungskurve zum ganzen Roman → **k.9** • Stimmungskurve von Quentin (Kap. 17–19) → **k.5**
	• Eine Rezension zum Roman verfassen	• Rezensionen im Internet recherchieren • Eine eigene Rezension verfassen
• Analytische Methoden anwenden	• Den Inhalt eines Textabschnitts rekonstruieren und wiedergeben	• Romananfang (Kap. 1–4) → **k.2** • Spinnenalarm (Kap. 10–16) → **k.4** • Eisbahn auf dem Schulhof (Kap. 25–31) → **k.7**
	• Den antizipierten und realen Handlungsverlauf vergleichen	• Wasserbomben (Kap. 3) • Rahmenerzählung (Kap. 35) → **k.9**
	• Untersuchen, wie im Text Spannung erzeugt wird	• Nächtliche Streiche (ganzer Roman) • Spannungskurve zum Roman → **k.9** • Cliffhanger
	• Ein Kapitel mit einem subjektiven »Untertext« versehen	• Wasserbomben (Kap. 3) • Nachts auf dem Schulhof (Kap. 28) • Das Schulkonzert (Kap. 33)
	• Handlungsmotive einer Figur herausarbeiten	• Die Rivalität zwischen Stella und Quentin (Kap. 1–4) → **k.2** • Die Hauptfiguren (Kap. 5–9) → **k.3** • Quentin will nach Kärnten (Kap. 5–9) → **k.3** • Quentins Gefühle (Kap. 17–19) → **k.5** • Stellas Streiche (Kap. 20–24) → **k.6** • Onkel Jakob macht mit (Kap. 25–31) → **k.7** • Ritesh verrät Quentins Plan (Kap. 32–35) → **k.8** • Direktor Brandls Strafe (Kap. 35) → **k.9**
	• Textstellen interpretieren und mit eigenen Worten erklären	• Der Spinnenplan (Kap. 10–16) → **k.4** • Der Bären-Löwen-Plan (Kap. 17–19) → **k.5** • Stellas Streiche (Kap. 20–24) → **k.6** • Onkel Jakobs Meinungswechsel (Kap. 25–31) → **k.7** • Ritesh und Stella (Kap. 32–35) → **k.8**

Bildungsstandards	Methoden	Beispiele
	• Den thematischen Hintergrund des Romans erhellen	• Freundschaft • Schulwechsel • Globalisierungsgegner (Kap. 1–4) → **k.2** • Legal oder illegal? (Kap. 5–9) → **k.3** • Streiche oder Mobbing? (Kap. 20–24) → **k.6**
	• Eine gemeinsame Reflexion der Lektüre durchführen	• Bei einem Abschlussgespräch Einschätzungen und Bewertungen austauschen
• Produktive Methoden anwenden	• Ein eigenes Lesetagebuch bzw. einen Leseordner zum Roman führen	• Individuelle Einträge • Während bzw. nach der Lektüre eigenes Cover gestalten
	• Einen Comic oder eine Fotostory zu einem Kapitel des Romans erstellen	• Der Bärenüberfall (Kap. 17–19) • Eisbahn auf dem Schulhof (Kap. 25–31) • Das Schulkonzert (Kap. 32–35) → **k.8**
	• Einen Steckbrief zu einer Figur erstellen	• Quentin, Vinzent und Stella (Kap. 1–9) → **k.3** • Onkel Jakob • Ritesh
	• Ein fiktives Interview mit einer Figur führen	• Interviews mit den Figuren am Ende des Romans → **k.9**
	• Einen fiktiven Dialog zwischen Romanfiguren verfassen	• Die Eltern von Quentin sprechen über seinen bevorstehenden Schulwechsel (Romanbeginn) • Quentins Mutter beschwert sich bei Jakob wegen des Pfadfinder-Anrufs (Kap. 9) • Quentin und Stella am Romanende
	• Gedanken und Gefühle der Figuren imaginieren	• Globalisierungsgegner (Kap. 1–4) • Stella und Quentin in Standbildern (Kap. 5–9) → **k.3** • Stimmungskurve von Quentin (Kap. 17–19) → **k.5** • Ein besorgter Mitschüler (Kap. 20–24) → **k.6** • Gedanken von Onkel Jakob (Kap. 27) → **k.7** • Riteshs Loyalität (Kap. 32–35) → **k.8** • Was möchte Direktor Brandl bezwecken? (Kap. 35) → **k.9**
	• Den Roman weiterdenken und -schreiben	• Stella und Quentin spielen sich weiterhin Streiche • Ritesh und Stella werden ein Paar
	• Eine Textstelle weiterschreiben	• Höhere Gewalt (Ende von Kap. 5) • Onkel Jakob macht mit (Ende von Kap. 27)
	• Eine Textstelle umschreiben	• Die Jungen treffen Stella mit Wasserbomben (Kap. 3) • Großes Gekrabbel: Der Streich mit den Krabbeltieren funktioniert (Kap. 16) • Stella und Quentin sprechen miteinander (Kap. 31)
	• Standbilder prägnanter Szenen darstellen und erraten lassen	• Am Notausgang bzw. im Technikraum (Kap. 5–9) → **k.3** • Das Schulkonzert (Kap. 33)
	• Einen Brief einer Figur an eine andere Figur verfassen	• Herr Mackert schreibt an Stella (Kap. 22) • Quentin schreibt an Stella und umgekehrt (Romanende)
	• Einen Brief an eine Figur verfassen	• An Stella nach der Wasserbombenaktion und dem Gespräch mit Quentin (Kap. 4) • Die Jungen bedanken sich bei Onkel Jakob (Kap. 28) • An eine Hauptfigur am Ende des Romans
	• Zu einem Kapitel einen Tagebucheintrag verfassen	• Vor dem Urlaub in Kärnten (Kap. 9) • Nach der Eisbahn-Aktion (Kap. 25–31) → **k.7** • Nach dem Schulkonzert (Kap. 33)

Bildungsstandards	Methoden	Beispiele
• Produktive Methoden anwenden (Forts.)	• Eine Ich-Erzählung einer Figur verfassen	• Stella: Wasserbomben (Kap. 3) • Die Schulhofaktion aus Onkel Jakobs Perspektive (Kap. 28) • Das Schulkonzert aus Direktor Brandls Perspektive (Kap. 33)
	• Eine Reportage bzw. einen Zeitungsbericht über eine Textstelle verfassen	• Seltsame Vorgänge im Ferienlager (Kap. 16–19) • Der Schulhof als Eisbahn (Kap. 28) • Rätselhaftes Schulkonzert (Kap. 33)
	• Ein literarisches Rollenspiel z. B. zu einer Szene durchführen	• Der erste Schultag (Kap. 20) → **k.6** • Frau Frach im Gespräch mit Stella und Quentin (Kap. 24) → **k.6** • Die Polizeikontrolle (Kap. 28) • Im Besprechungszimmer (Kap. 31)
	• Einen Handlungsort oder eine Szene malen, zeichnen oder nachbauen	• Das Feriencamp nach Stellas Plan (Kap. 10 f.) • Schulhof in Eis (Kap. 25–31) → **k.7** • Die Bühne beim Schulkonzert (Kap. 33)
	• Eine thematische Aktion durchführen	• Freundschaft und Streit • Globalisierung • Streiche oder Mobbing?
	• Ein Rätsel zu einem Kapitel oder zum Roman erstellen bzw. lösen	• Kreuzworträtsel • Silbenrätsel (vgl. → **k.2**)
	• Ein alternatives Titelbild erstellen	• Bildmaterial über Bildagenturen • Als Cover für das Lesetagebuch
	• Ein Plakat bzw. eine Collage zum Buch erstellen	• Mit Zeichnungen, Textzitaten etc.
	• Ein Hörspiel verfassen	• Wasserbomben (Kap. 3) • Der Bärenangriff (Kap. 19) • Das Schulkonzert (Kap. 33)
	• Ein Gedicht zu einem Kapitel verfassen	• Freundschaft • Ewige Feindschaft • Streiche und Mobbing • Aus der Perspektive einer Figur (lyrisches Ich) oder aus der eines allwissenden Autors
• Handlungen, Verhaltensweisen und Verhaltensmotive bewerten	• Sympathie/Antipathie zu den Figuren thematisieren	• Sympathiekurven zu Figuren erstellen • Erster Eindruck von Quentin, Vinzent und Stella (Kap. 1–9) → **k.3** • Figuren nach Sympathie ordnen
	• Zu den Romanfiguren Stellung beziehen, ihr Verhalten und Handeln bewerten und kommentieren	• Die Feindschaft zwischen Stella und Quentin • Quentins Streiche am Rande der Legalität (Kap. 5–9) → **k.3** • Der Bären-Löwen-Plan (Kap. 17–19) → **k.5** • Stellas Streiche: Schon Mobbing? (Kap. 20–24) → **k.6** • Onkel Jakob macht mit (Kap. 25–31) → **k.7** • Ritesh verrät Quentins Plan an Stella (Kap. 32–35) → **k.8** • Direktor Brandls Maßnahme (Kap. 35) → **k.9**
→ Sach- und Gebrauchstexte verstehen und nutzen		
• Hintergrundinformationen suchen, verstehen, auswerten und vergleichen	• Eine Collage erstellen	• Themen: Freundschaft, Schulwechsel, Streiche und Feindschaft, Mobbing, Kinder und Eltern
→ Medien verstehen und nutzen		
• Informationsmöglichkeiten nutzen	• Internet- und Buchrecherche zu Themen des Romans	• Freundschaft • Globalisierungsgegner (Kap. 1–4) → **k.2** • Mobbing (Kap. 20–24)
• Medien zur Präsentation und ästhetischen Produktion nutzen	• PowerPoint-Präsentationen bzw. Hypertexte erarbeiten, vorstellen und reflektieren	• Der Autor Stephan Knösel • Sprachbilder in »Master of Disaster« • Schulwechsel

VORSCHLAG FÜR EINE UNTERRICHTSEINHEIT IN INKLUSIVEN KLASSEN

Jede Unterrichtseinheit zu einem Kinderroman nimmt sinnvollerweise Bezug auf die konkreten Lernvoraussetzungen Ihrer Schüler:innen, aber auch auf Ihre eigenen Erfahrungen und Planungsziele. Wir möchten Ihnen hier ein Grobraster für eine Unterrichtseinheit zu »Master of Disaster« vorstellen, das nach dem Grundsatz »erschließend, nicht erschöpfend« vorgeht. Die Einheit besteht, unterstützt durch die Infoblätter und Kopiervorlagen in diesem Heft, aus vier unterschiedlichen Modulen:

- Modul A: Den Roman lesen und erarbeiten
- Modul B: Thematische Aspekte bearbeiten
- Modul C: Projektorientiert mit dem Roman arbeiten
- Modul D: Über die Lektüre reflektieren

Empfehlenswert ist der Einsatz eines Lesetagebuchs bzw. Leseordners. Hier finden eigene Gedanken und Notizen, aber auch im Unterricht erarbeitete Aspekte Platz und können immer wieder nachgeschlagen werden. Somit ist eine Sicherung der Ergebnisse gewährleistet. Außerdem bietet ein Lesetagebuch bzw. Leseordner den Vorteil, dass sich die Schüler:innen je nach ihren Interessen darin vertiefen können. Zusätzlich können die Arbeitsblätter darin abgelegt werden, sodass nach und nach ein persönliches »Lektürebuch« entsteht, das am Ende der Einheit als Grundlage für die individuelle Reflexion und auch für die Bewertung von Schülerleistungen genutzt werden kann.

Die Ausgabe des Romans in *Einfacher Sprache* (ES) ermöglicht es, in inklusiven Klassen mit allen Lernenden eine gemeinsame Lektüre zu behandeln. Die Schüler:innen, die auf dem grundlegenden Niveau lernen, können mit der vereinfachten Textfassung arbeiten. *Einfache Sprache* entspricht dem Sprachniveau A2/B1 und richtet sich an Kinder mit LRS oder geringen Deutschkenntnissen. Wie die Originalfassung beinhaltet die Fassung in ES 35 Kapitel. Das Glossar ab S. 164 verhilft den Schüler:innen zu einem besseren Verständnis spezieller Ausdrücke. Auch assoziativ verwendete Begriffe werden erläutert (z.B. »Schlumpfine« als Spitzname).

Einstiegssequenz

(2–4 Unterrichtsstunden)

- Gemeinsames Betrachten des Buchcovers, Vermutungen zu Titel und Titelbild anstellen (Schauplatz, Zeit, Figuren)
- Assoziationen zum Klappentext stichwortartig auf einem Plakat als Mindmap sammeln und in der Klasse aufhängen
- Erstellen eines Zeilometers (→ **k.1**)
- Ein Lesetagebuch oder einen Leseordner anlegen (Titelbild selbst gestalten, Anlegen eines Inhalts- und Figurenverzeichnisses, Informationen zum Autor)
- Gemeinsames Lesen von Kapitel 1 und 2; Annäherung an die Hauptfiguren Quentin, Stella und Vinzent

Modul A: Den Roman lesen und erarbeiten

- Lektüre der Erzählung teils häuslich (z.B. mit Notizen im Lesetagebuch/Leseordner oder im Deutschheft), teils im Unterricht (Vorlesen durch Lehrkraft und Schüler:innen, stille/freie Lesephasen)
- Schwerpunktmäßige Bearbeitung des Romans mithilfe der Kopiervorlagen → **k.2** bis **k.9**
- Weitere Anregungen aus der »Methodenkiste« in diesem Heft → **u.5**

Die Kopiervorlagen auf drei Niveaustufen bieten gerade den Lehrer:innen, die an Gemeinschaftsschulen oder in inklusiven bzw. stark heterogenen Klassen unterrichten, die Möglichkeit, alle Schüler:innen individuell zu fördern und ihnen Erfolgserlebnisse im Umgang mit dem Buch zu ermöglichen.

Die Materialien bieten neben niveauunterschiedlichen Lernphasen in Einzel-, Partner- oder Gruppenarbeit immer wieder auch gemeinsame Phasen, in denen sich alle Schüler:innen der Lerngruppe über ihre Leseprozesse miteinander verständigen können. Fragestellungen, die auf allen drei Niveaustufen bearbeitet werden, sind entsprechend gekennzeichnet.

Schüler:innen, die auf dem grundlegenden Niveau lernen, können je nach Sprachstand mit der vereinfachten Textfassung arbeiten. Einfache Sprache entspricht dem Sprachniveau A2/B1 und richtet sich an Kinder mit LRS oder geringen Deutschkenntnissen.

Die Kopiervorlagen des G-Niveaus (G = grundlegendes Niveau) k.1 beziehen sich auf die Textfassung »Einfache Sprache«, die Kopiervorlagen des M-Niveaus (M = mittleres Niveau) k.1 und des E-Niveaus (E = erweitertes Niveau) k.1 auf die originale Textfassung.

Modul B: Thematische Aspekte bearbeiten

- Weiterführende Quellen und Materialien beispielsweise zu den Themen »Streit/Feindschaft«, »Erlaubte vs. unerlaubte Streiche« und »Schulwechsel« (auch im fächerübergreifenden Unterricht)
- Präsentation der Arbeitsergebnisse, z.B. durch Plakatvortrag, PowerPoint-Präsentation, Wandzeitung, Rollenspiel oder andere Formen

Modul C: Projektorientiert mit dem Roman arbeiten

- An unterschiedlichen, selbst gewählten Themen in Einzel-, Partner- bzw. Gruppenarbeit arbeiten
- Bearbeitung der Kopiervorlagen, die nicht in Modul A und B eingesetzt wurden
- Weitere Anregungen aus der »Methodenkiste« in diesem Heft → **u.5**
- Präsentation von Arbeitsergebnissen (s.o.)

Modul D: Über die Lektüre reflektieren

- Präsentation von Arbeitsergebnissen aus den Lesetagebüchern bzw. Leseordnern
- Verfassen einer Rezension zum Roman (z.B. als Lernzielkontrolle)
- Abschließendes Gespräch über die subjektiven Leseeindrücke und Bewertungen der Schüler:innen

Infoblätter

© Christian Meckel

DER AUTOR STEPHAN KNÖSEL

i.1

Stephan Knösel, 1970 geboren, lebt mit Frau und zwei Kindern in München. Er arbeitet als freiberuflicher Drehbuchautor und wurde bereits mehrfach ausgezeichnet. Für seinen Roman »Echte Cowboys« erhielt er das Kranichsteiner Jugendliteratur-Stipendium 2011, die Auszeichnung Buch des Monats, Deutsche Akademie für Kinder- und Jugendliteratur, Volkach, Februar 2011 sowie den Bayerischen Kunstförderpreis in der Sparte Literatur 2010. Sein zweiter Jugendbuchroman »Jackpot – wer träumt, verliert« war 2013 für den Deutschen Jugendliteraturpreis nominiert.

Internet

www.stephanknoesel.de

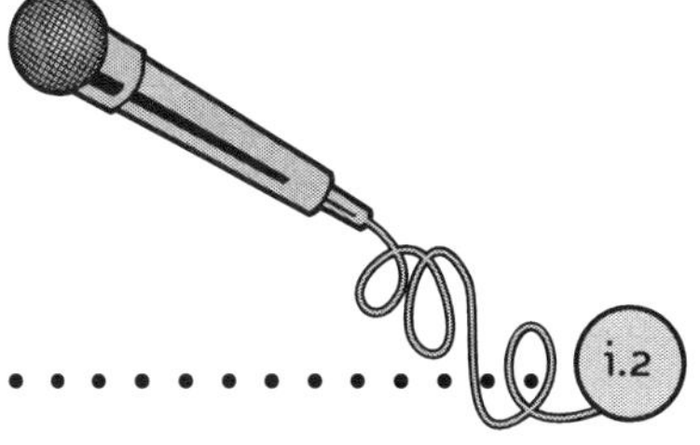

INTERVIEW MIT STEPHAN KNÖSEL: »WAHNSINNIG VIEL SPASS GEMACHT«

i.2

Der Autor Stephan Knösel über seine Lieblingsfiguren, die Erzählperspektive und Onkel Jakob

? *Lieber Herr Knösel, sind Sie gut im Wasserbombenwerfen?*

Früher schon! Mittlerweile zwickt altersbedingt die Schulter zu sehr. Deswegen kann ich nicht mehr ganz so weit werfen.

? *Hatten Sie auch damals in Ihrer Schulklasse eine Art Schlumpfine?*

Oh ja, sie hieß Claudia Kimmich und konnte ganz schön hart zuschlagen. Zum Glück war ich schneller als sie.

? *Wie verlief der Schreibprozess? Haben Sie oft Textteile überarbeitet oder gestrichen?*

Im Vergleich zu meinen Jugendromanen ist es mir leichter gefallen, dieses Buch zu schreiben. Mein zweites Buch »Jackpot« musste ich z.B. komplett umschreiben. Das war bei »Master of Disaster« ganz anders. Wahrscheinlich weil ich so vieles aus dem richtigen Leben abschreiben konnte.

? *Sie haben die Geschichte aus der Ich-Perspektive von Quentin erzählt – gab es für Sie auch Alternativen?*

Nein, das war von Anfang an klar.

? *Und weshalb haben Sie eine Rahmenhandlung im Büro von Direktor Brandl eingebaut?*

Na ja, ich bin zwar kein Schuldirektor, aber ähnliche Situationen habe ich ungefähr eine Million Mal als Vater erlebt: Immer wenn mir einer meiner Söhne haargenau erklären wollte, warum er praktisch gar nicht anders konnte, als gerade ausgerechnet diesen oder jenen Bockmist zu bauen.

Wie viel des jugendlichen Stephan Knösel steckt in Quentin oder Stella?

Also, ich persönlich war natürlich das allerbravste Kind der Welt. Ich habe dafür zwar keine Zeugen, aber glauben Sie mir einfach. Stella ist einer ehemaligen Arbeitskollegin nachempfunden. Und was Quentin angeht … Sagen wir mal so: Einer meiner Söhne heißt Quirin. Dass sich die Namen so ähneln, ist kein Zufall.

Welcher Streich ist Ihr Favorit?

Quentin und Vinzent, die einen Fahrraddiebstahl vortäuschen, um ihren Onkel Jakob vor der Polizei zu retten.

Welches ist Ihre Lieblingsfigur im Roman?

Eigentlich alle. Ich mag z. B. auch Quentins Schulkamerad Ritesh total gerne. Auch mit der Englischlehrerin Frau Frach habe ich großes Mitgefühl. Aber wahrscheinlich hätte ich als Kind auch gerne so einen Bester-Kumpel-Bruder wie Vinzent gehabt.

Und Ihre Lieblingsstelle?

Auch schwierig: Wie die Brüder das Huhn klauen, das man auf dem Buchumschlag sieht? Oder wie sie als Löwe verkleidet einen Bärenangriff vortäuschen wollen, der dann dummerweise aber in echt passiert? Und wahrscheinlich jede Stelle, wo die Brüder wieder einen neuen Streich aushecken. Ich kann es wirklich nicht sagen.

Ist es Ihnen beim Schreiben des Romans passiert, dass sich eine Figur ganz anders entwickelt hat, als Sie es zunächst gedacht haben?

Ich hatte bei der Onkel-Jakob-Figur eigentlich an einen Freund von mir gedacht. Aber der Onkel Jakob im Buch ist dann haargenau so geworden wie der Partner der Schwester meiner Frau.

In »Master of Disaster« finden sich zahlreiche bildhafte Elemente, Vergleiche, Metaphern und Symbole. Planen Sie solche Elemente bewusst ein oder fließen sie Ihnen aus der Feder bzw. Tastatur?

Dass solche Stilelemente wichtig sind, hat mir mein Lektor zwar gesagt, bevor ich mit dem Schreiben des Buchs angefangen habe. Wo genau diese Elemente dann in den Text kommen, plane ich aber nicht im Voraus. Die fließen mir dann tatsächlich beim Schreiben aus der Feder.

Haben Sie beim Schreiben des Romans genauso laut gelacht wie wir beim Lesen?

Dieses Buch zu schreiben, hat wahnsinnig viel Spaß gemacht. Ja, ich hab schon sehr gelacht und hatte in der Zeit extrem gute Laune.

Stand für Sie das Ende des Romans von vornherein fest?

Dass die beiden nebeneinander sitzen müssen? Ja, das stand von Anfang an fest.

Wie könnte die Geschichte zwischen Stella und Quentin Ihrer Meinung nach weitergehen?

Ich könnte mir vorstellen, dass Quentin es tatsächlich mal schafft, Stella endlich loszuwerden … und dann wird er sie schnell vermissen. Denn ohne sie muss er ja gar keinen Mist mehr bauen. Und das wäre ja auch ziemlicher Mist.

Wie würden Sie sich die Behandlung Ihres Romans im Unterricht wünschen?

Das Buch soll Spaß machen. Das war mein Ziel beim Schreiben. Ich würde mir wünschen, dass der Unterricht dazu auch Spaß macht – und dass Kinder, die bisher noch nicht so gerne gelesen haben, es danach lieber tun.

Welche Erfahrungen machen Sie, wenn Sie aus dem Roman vor Kindern lesen?

Das ist immer sehr lustig. Die Zielgruppe sind ja Fünftklässler. Das ist ein tolles Alter. Ich komme nach den Lesungen immer breit grinsend aus den Schulen.

Auf welches neue Werk von Ihnen dürfen wir uns freuen? Gibt es Pläne?

Ich schreibe gerade wieder ein Jugendbuch. Eine sehr düstere Geschichte über eine bunt zusammengewürfelte Gruppe Jugendlicher, die den Weltuntergang erleben (und zum Glück auch überleben ;-). Danach muss ich aber wieder was Lustiges schreiben!

Vielen Dank für das Gespräch, Herr Knösel!

Interview: Marc Böhmann (März 2019)

FIGURENKONSTELLATION

i.3

Die Schriftgröße des Namens stellt die Wichtigkeit der Figur im Roman dar.

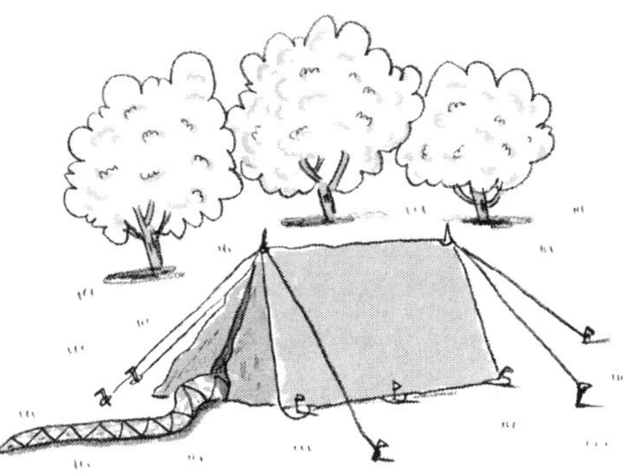

Familie Stolte-Nieben
Nachbarn von Quentins Familie, sind reich und kultiviert, Kinder: Feli und Lasse, haben Hühner als Haustiere

Älteres Ehepaar im Hotel in Mitterdorf
können Kinder nicht leiden, Mann mit Glatze, Frau mit lila Haaren

Stellas Papa
wohnt in Berlin

Quentins Mama
arbeitet in einer Gärtnerei, entscheidungsfreudig

Quentins Papa
heißt Martin Scherzer, ist Hausmann, arbeitet ab und zu am Computer, macht gern den Haushalt

Onkel Jakob
arbeitet auch in der Gärtnerei, hat eigenen Kopf, hat enge Beziehung zu Quentin

Stellas Mama
schickt ihre Tochter ins Feriencamp

Quentin
Zehn Jahre alt, besucht die 5d der Gesamtschule, mag seine Familie, enge Freundschaft zu seinem Bruder Vinzent, kann Stella nicht leiden, wohnt in einem vierstöckigen Haus, will Polizist werden

Stella
ist zehn Jahre alt, besucht die Klasse 5d, hübsch, aufgeweckt und selbstbewusst, mag Pferde

Vinzent
8 Jahre alt, enge Freundschaft zu seinem Bruder Quentin, kreativ, hat gute Ideen, stinkt oft, Globalisierungsgegner und Umweltschützer, will Polizist werden

Herr Fritsche
Klassenlehrer der 5d, Stellas Lieblingslehrer

Frau Frach
ihr werden von Stella 40 € gestohlen

Direktor Brandl
überlegt, Quentin von der Schule zu schmeißen, findet eine ungewöhnliche Strafe für die beiden Streithähne

Mitschüler:innen
Daniel: gewalttätig; Elena, Minja

Ritesh
Mitschüler indischer Abstammung, redet gerne und viel, ist in Stella verknallt, verrät Stella Quentins Plan

TABELLARISCHE KAPITELÜBERSICHT

Kapitel	Seite (ES)	Erzähltes Geschehen
	5 (5)	*Rahmenerzählung 1: Quentin, der Ich-Erzähler, sitzt im Büro des Schuldirektors Brandl und ist gerade dabei, von der Schule verwiesen zu werden. Quentin hat ein Huhn namens Ingrid neben sich und sagt dem Direktor, an der ganzen Geschichte sei eigentlich Schlumpfine schuld.*
	7 (6)	**Erster Teil**
1	8–19 (7–14)	Quentin stellt seine Klassenkameradin Schlumpfine vor, die eigentlich Stella heißt und aus Quentins Sicht das schlimmste Mädchen von allen ist. Besonders schlimm findet er ihr Schleimen und dass sie »auf Knopfdruck« losheulen kann. Rückblende: Quentin berichtet über seine glückliche Kindheit, die er mit seinem Bruder und seinen Eltern erlebt hat. Sein Vater ist Hausmann, seine Mutter arbeitet in einer Gärtnerei. In der ersten Klasse begegnet er erstmals Stella, die er von Anfang an nicht mag. Nach der vierten Klasse hofft er, dass Stella aufs Gymnasium kommt und er auf die Gesamtschule. Dann wäre er sie los. Bevor Quentin und sein Vater zum Infoabend in der neuen Schule gehen, streiten sich beide, ob er die Halbschuhe oder die Turnschuhe anzieht. Beim Infoabend sieht er dann Stella, die auch auf die Gesamtschule gehen könnte. Für ihn ist das ein großer Schock.
2	20–25 (15–16)	Nachdem Quentin mit seinem Vater zu Hause angekommen ist, klettert er mit seinem achtjährigen Bruder Vinzent aufs Garagendach des Nachbarhauses, um Pläne zu schmieden, wie er Stella loswird. Da sieht Vinzent Stella unten an der Haustür.
3	26–31 (17–21)	Beide wollen Stella mit Wasserbomben abwerfen, aber das misslingt. Stattdessen wirft Stella die Wasserbombe zurück aufs Garagendach und trifft Vinzent mitten ins Gesicht. Dann sagt sie Quentin, dass sie ihm einen Vorschlag machen möchte.
4	32–35 (22–25)	Quentin geht hinunter und spricht im Gebüsch mit ihr. Sie sagt ihm, dass ihre Mutter sie in den Sommerferien in ein Feriencamp stecken will. Wenn er ihr hilft, dort rauszukommen, verspricht sie ihm, dass sie auf eine Privatschule anstatt auf die Gesamtschule geht. Dann wäre er sie los.
5	36–39 (26–28)	Abends im Doppelstockbett ist Vinzent immer noch sauer, weil Quentin ihm auf dem Garagendach fünf Euro versprochen hat, wenn er ihn vor Stella verleugnet. Quentin fragt Vinzent, wie er Stella aus dem Zeltlager befreien könnte. Er hat eine Idee: höhere Gewalt.
6	40–44 (29–32)	Am nächsten Tag geht Quentins Klasse ins Theater. Während der Vorstellung schleichen sich Quentin und Stella in Richtung Notausgang. Hinter der Tür berichtet Quentin ihr von seinem Plan: Sie soll ein paar Tage ins Lager gehen, dann wird er dafür sorgen, dass das Camp abgebrochen wird. Stella macht ihn auf ein Problem aufmerksam: Er müsste selbst dort in den Bergen sein, um diesen Plan umsetzen zu können.
7	45–55 (33–40)	Am Mittagstisch schlägt Quentin seinem Vater vor, im Sommer in die Berge zu fahren. Vinzent will auf jeden Fall ans Meer und sein Vater nach Kroatien. Nachmittags im Technikunterricht spricht Stella Quentin an und gibt ihm die Broschüre vom Zeltlager in Kärnten. Während er alles durchliest, strickt Stella ihm den Eierwärmer fertig. Nach der Schule fährt Quentin mit dem Fahrrad zur Gärtnerei, wo seine Mutter arbeitet. Er berichtet ihr von Mitterdorf in Kärnten. Auch die reichen Nachbarn Stolte-Nieben seien schon dort gewesen. Quentins Mutter schaut auf ihrem Handy nach und stellt fest, dass der Ort in etwa auf dem Weg nach Kroatien liegt.
8	56–60 (41–44)	Quentin und Vinzent schleichen sich spätabends zum Elternschlafzimmer, wo die Eltern gerade über den Sommerurlaub sprechen. Die Mutter möchte gerne in das Hotel in Mitterdorf, der Vater ist eigentlich dagegen, weil es zu teuer ist. Dann erwischt ihr Vater beide Kinder beim Belauschen und schickt sie ins Bett, ihre Mutter lässt sie aber vorher noch zum Kuscheln ins Elternbett. Die Mutter verkündet den Kindern, dass die Familie zuerst nach Mitterdorf und dann nach Kroatien fährt. Und dass im Zeltlager schon zwei Plätze für Quentin und Vinzent reserviert sind. Die Jungen sind schockiert, können dies aber nicht vor den Eltern zeigen. Quentin hofft, dass die Eltern ihre Zeltlager-Idee noch aufgeben.
9	61–65 (45–48)	Quentin geht nachts in den Keller und sticht Löcher in die Isomatten, die Schlafsäcke macht er nass. Am nächsten Tag geht er nach der Schule wieder in die Gärtnerei. Er trifft dort Onkel Jakob. Quentin bittet ihn, bei den Pfadfindern anzurufen und die Buchung zu stornieren. Jakob macht das sofort und gibt als Begründung ansteckende Krankheiten an. Quentins Mutter erfährt, dass der Anruf nicht echt war. Trotzdem sind die Zeltlagerplätze schon vergeben. Quentin äußert gegenüber seiner Mutter die Vermutung, dass der Anruf von Stella sein könnte. Nun sollen die beiden Jungen also mit ins Hotel.

Kapitel	Seite (ES)	Erzähltes Geschehen
	66	*Rahmenerzählung 2: Quentin sitzt beim Direktor und erzählt, wie alles passiert ist. Direktor Brandl ist sehr erbost und ungeduldig. Quentin ist an der Stelle, wo sie einen Namen für die Ferienaktion brauchen.*
	67 (49)	**Zweiter Teil**
10	68–79 (50–57)	Die Familie startet in den Urlaub. Sie sind am Vormittag schon im Hotel in Mitterdorf. Während sich die Eltern die Zeit vertreiben, gehen die Jungen mit dem Handy der Mutter zum Pfadfinder-Camp. Doch hier ist keiner, offenbar ist das Lager auf einem Ausflug. Vinzent schlägt Quentin vor, das Lager mit Dynamit in Schutt und Asche zu legen, danach kommt ihm die Idee, die Toiletten unter Strom zu setzen oder die Sickergrube anzuzünden. Alle drei Ideen verwerfen die beiden aber. Zurück im Hotel gehen beide ins Restaurant. Dort sehen sie ein altes Ehepaar am Nebentisch. Beide sind ihnen sofort unsympathisch, auch weil sie sich von den Kindern gestört fühlen und einen anderen Tisch wünschen. Der Ober lehnt das ab. Dann schlägt Quentin seinem Bruder vor, mit der Zunge in der Nase zu popeln und seine Schuhe auszuziehen. Bald darauf kommen die Eltern aus der Sauna zurück und sind verärgert, dass Vinzent seine Schuhe ausgezogen hat. Weil Quentin dem Ehepaar gegenüber frech wird, bekommt er Hausarrest.
11	80–83 (58–60)	Quentins Vater sorgt dafür, dass er im Zimmer nicht fernsehen kann. Auch die Handys schließt er weg. Dann schließt er auch die Hotelzimmertür von außen ab. Eine Stunde später kommt Vinzent und will Quentin von seinem Schlumpfine-Plan berichten. Weil die Tür abgeschlossen ist, kommt ihm die Idee, den Feueralarm auszulösen.
12	84–90 (61–65)	Draußen auf dem Gang ist die Hölle los. Dann kommt ein Hotelmitarbeiter und befreit Quentin aus seinem Zimmer. Auf dem Gang sieht Quentin, wie sich das alte Ehepaar vor einer Hotelmitarbeiterin rechtfertigen muss. Offenbar werden beide verdächtigt, den Alarm aus Versehen ausgelöst zu haben. Unten am Pool treffen die Jungen mit den Eltern, die sehr erleichtert sind, zusammen. Quentin sagt den Eltern, dass das alte Ehepaar für den Feueralarm verantwortlich war. Dann gehen beide zur Scheune am Berg hinter dem Hotel, die Vinzent seinem Bruder zeigen will. Als Quentin mit Vinzent reinkrabbelt, wird er von zahllosen Spinnen und anderem Getier empfangen. Vinzent packt seine Frühstücksbox aus und zeigt Quentin die Tiere, die er schon gefangen hat.
13	91–97 (66–69)	Beide gehen zum Zeltlager. Diesmal sind die Kinder und Betreuer da. Die Brüder klettern auf einen Baum am Seeufer und betrachten das Geschehen genau. Dann sieht Quentin Stella, wie sie von der Toilette kommt. Sie gehen zu ihr und präsentieren ihr die Box mit den Krabbeltieren. Alle sind sich einig, dass sie mehr Tiere benötigen. Während Stella nachmittags mit dem Camp klettern geht, wollen die Jungen zur Scheune, um weitere Tiere in ihren Rucksäcken zu sammeln. Sie verabreden, sich um Mitternacht am See zu treffen.
14	98–105 (70–73)	Bis zum Abendessen sammeln die Brüder weitere Tiere an der Scheune ein. Doch sie bezweifeln, dass die Anzahl für das ganze Lager reicht. Beim Abendessen im Hotel regt sich Vinzent über das Pferdefleisch auf der Karte auf. Quentin sagt den Eltern, dass sie abends im Hotel-Kinderkino sind. Vinzent versteht nicht, dass »Bibi und Tina« eine sehr attraktive Abendgestaltung sein soll. Als sie das Hotel verlassen möchten, werden die Jungen von einer Hotelmitarbeiterin aufgehalten. Von der Toilette aus klettern beide ins Freie und gehen wieder zur Scheune, um Tiere zu sammeln. In der Dunkelheit ist das ziemlich gruselig. Zurück im Hotel machen beide glaubhaft, dass sie das Hotel nicht verlassen haben.
15	106–110 (74–76)	Kurz vor Mitternacht schleichen sich die beiden mit den Rucksäcken zum Treffpunkt. Am See treffen sie Stella, die ihnen auf den Boden einen Lageplan des Camps malt und vorher die Schlafsäcke in den Zelten geöffnet hat. Stella soll mit ihrem Handy das Insektenchaos filmen, um es ihrer Mutter zu zeigen.
16	111–115 (77–79)	Beide Jungen gehen in die Zelte und leeren die Rucksäcke aus, aber die Insekten verursachen keinerlei Chaos. Die Kinder schlafen weiter. Zurück unten am See sind alle drei enttäuscht. Stella geht wieder in ihr Zelt, die Jungen zurück ins Hotel. Mitten in der Nacht schreit die alte Frau auf dem Hotelflur, weil ganz viele Spinnen in ihren Haaren sind. Quentin hatte auf dem Rückweg seinen Rucksack in das offene Zimmerfenster des Ehepaars geworfen.
17	116–121 (80–83)	Am nächsten Morgen, draußen regnet es in Strömen, begegnet Quentin dem Maskottchen von 1860 München, einem Löwen in Kostüm. Er geht zu Vinzent ins Zimmer und fragt ihn über Bären in Österreich aus. Am See treffen sie Stella. Der Plan der Jungen ist, mit dem Löwenkostüm einen Bärenangriff aufs Camp vorzutäuschen. Stella ist nicht sehr begeistert.

Kapitel	Seite (ES)	Erzähltes Geschehen
18	122–130 (84–88)	Die drei verabreden sich wieder für Mitternacht. Die Jungen besorgen sich mit einem Trick von der Rezeption den Generalschlüssel und holen sich aus dem Putzmittelraum das Löwenkostüm. In ihrem Zimmer merken sie, dass das Kostüm viel zu groß ist. Quentin nimmt Vinzent auf seine Schultern, jetzt haut es ungefähr hin. Quentin schneidet dem Löwen den langen Schwanz ab, weil Bären ja einen Stummelschwanz haben. Nachts am See besprechen die drei den Ablauf und gehen ins Camp. Am Waldrand klären sie letzte Details.
19	131–137 (89–92)	Mit lautem Bärengebrüll aus der Lautsprecherbox von Mamas Handy versuchen die beiden, die Kinder zu wecken. Quentin wirft dazu Steine Richtung Küchenzelt. Die Kinder kommen aus ihren Zelten und schreien wie wild herum. Doch plötzlich sehen die Brüder, dass ein echter Bär mitten auf dem Zeltplatz steht. Vinzent holt noch Mamas Handy und den Lautsprecher. Als eine Polizeistreife zum Zeltplatz fährt, flüchtet der echte Bär in den Wald. Auch die Jungen hauen ab. Im Hotel recherchieren sie im Internet, dass der echte Bär offenbar von ihrem Handy-Gebrüll einer Bärin angelockt wurde. Stella wird am nächsten Morgen von ihrer Mutter abgeholt. Quentin freut sich darüber, dass Stella nun im neuen Schuljahr eine Privatschule besuchen wird. Den weiteren Urlaub in Kroatien genießen er und seine Familie.
	138	*Rahmenerzählung 3: Direktor Brandl reicht Quentin ein belegtes Brot. Er fragt Quentin, ob er wirklich damit gerechnet habe, dass Stella dann die andere Schule besucht. Ja, meint Quentin.*
	139 (93)	**Dritter Teil**
20	140–145 (94–98)	Am ersten Schultag hat Quentin ein mulmiges Gefühl angesichts der riesigen neuen Schule. In seiner fünften Klasse kennt er niemanden. Plötzlich bringt der Direktor Stella als Nachzüglerin in die Klasse. Quentin ist fassungslos. Er geht im Pausenhof zu Stella und will wissen, warum sie jetzt doch hier ist. Daniel aus der 5a, ein Unsympath, kommt hinzu, provoziert Quentin und schlägt ihm ein blaues Auge.
21	146–151 (99–103)	Zu Hause bekommt er Ärger mit seinem Vater, weil er sich geprügelt hat. Herr Fritsche, der Klassenlehrer, hat von Stella erfahren, dass Quentin angefangen habe. Quentin ist sauer, knallt die Tür und geht aufs Garagendach. Vinzent kommt später dazu und Quentin erzählt ihm, was passiert ist. Quentin ist überzeugt, dass Stella ihn reingelegt hat. Die ersten Wochen des neuen Schuljahres verlaufen für Quentin suboptimal: Er hat schlechte Noten und Angst vor Daniel. Außerdem ist sein Banknachbar Ritesh in Stella verknallt, wie einige andere Jungen aus seiner Klasse auch. Stella ärgert Quentin zusätzlich noch, schmeißt ihm seine Schulsachen vom Tisch, klebt ihm Kinder-Aufkleber aufs Fahrrad oder versteckt beim Sport seine Anziehsachen. Quentin ist sicher, dass er Stella loswerden muss, um Ruhe zu haben. Eines Tages hört er, wie Stella Herrn Fritsche erzählt, dass ihr Vater in Berlin wohnt.
22	152–156 (104–107)	Quentin schreibt an sieben Männer in Berlin mit Namen Mackert einen anonymen Brief, in dem er Stellas Vater mitteilt, dass Stella viel lieber bei ihm in Berlin leben möchte. Nach einigen Tagen knallt ihm Stella wütend einen seiner Briefe auf den Tisch. Als Herr Fritsche dazukommt, zeigt ihm Stella den Brief. Der Lehrer ist entsetzt und bestellt seine Eltern zum Gespräch. Quentin bekommt zwei Wochen Hausarrest und Medienverbot.
23	157–163 (108–113)	In den nächsten Wochen entwickelt Quentin einen neuen Plan, um Stella loszuwerden: einen Liebesbrief von Stella an Herrn Fritsche. Er steckt den Brief halb in Stellas Schulranzen und macht die Mitschülerinnen Elena und Minja auf den Brief aufmerksam. Alle bekommen es danach mit, auch Herr Fritsche. Er nimmt den Brief an sich und gibt ihn dann Stella zurück. Anschließend lässt er einen Test schreiben. In der Pause bezichtigt Stella Quentin, den Brief verfasst zu haben. Er leugnet es. Dann hat die Klasse Biologie. Stella lässt sich von der Mutter abholen.
24	164–169 (114–118)	In den nächsten Wochen rächt sich Stella an Quentin in unterschiedlicher Weise: Zum Beispiel stiehlt sie Frau Frach vierzig Euro aus dem Geldbeutel und steckt sie in Quentins Schulrucksack. Frau Frach bittet Quentin, die Wahrheit zu sagen. Das tut er. Stella lügt weiterhin. Am letzten Tag vor den Weihnachtsferien sagt Stella ihm, er solle einfach aufgeben. Quentin freut sich auf seine Weihnachtsferien ohne Stella.
25	170–174 (119–120)	Quentin erlebt fröhliche und weiße Weihnachten. Mit Vinzent überlegt er weiter, wie er Stella loswerden kann. Als sein Bruder seinem Vater vorschlägt, mal wieder Schlittschuhlaufen zu gehen, kommt Quentin auf eine Idee.
26	175–178 (121–123)	Quentin erzählt Vinzent von seinem Plan, den Schulhof zu überfluten, damit er zufriert. Vinzent hat zahlreiche Einwände. Quentin will Onkel Jakob um Hilfe fragen.

Kapitel	Seite (ES)	Erzähltes Geschehen
27	179–184 (124–127)	Beim Weihnachtsessen mit der Familie fragt Quentin Onkel Jakob, ob er ihm ein Feuerwehrauto fahren kann, um damit den Schulhof zu fluten. Onkel Jakob lehnt ab. Als Quentin mit Vinzent draußen beim Schneemannbauen die Lage bespricht, kommt Onkel Jakob aus dem Haus und sagt den beiden, dass er Quentin doch helfen wird. Er habe eine bessere Idee, als ein Feuerwehrauto zu klauen.
28	185–199 (128–137)	Am ersten Schultag nach den Ferien lässt Quentin sein Fahrrad in der Schule. Aus dem Weinkeller des Nachbarn nimmt er eine Flasche Wein und »schenkt« sie seinen Eltern, damit sie tief schlafen. Spätabends ziehen sich die Brüder warme Skiklamotten an und fahren in die Gärtnerei zu Onkel Jakob, der gerade mit einem Kran den großen Wassertank auf den Laster hebt. An der Schule geht Jakob eine Runde spazieren, während die Brüder das Wasser aus dem Tank lassen. Anschließend lässt Quentin Stellas »Tagebuch«, ihre Mütze und ihren Schal auf dem Schulhof liegen. Als die drei wieder im Laster sind, taucht die Polizei auf. Onkel Jakob lässt die Jungen aussteigen. Die Brüder sehen, wie der Laster in die Polizeikontrolle fährt, und Quentin beschließt, Onkel Jakob zu helfen. Vinzent fährt mit dem Fahrrad an der Polizei vorbei und Quentin rennt hinter ihm her und ruft »Haltet den Dieb!«. Beide entkommen durch den Park und schaffen es unbemerkt nach Hause in ihr Zimmer. Auch ihr Papa, der gerade wach wird, bemerkt nichts. Bevor die beiden einschlafen, ist Onkel Jakob am Fenster und bewundert die beiden für ihre Aktion.
29	200–203 (138–141)	Am nächsten Morgen sieht Quentin schon die Menschenmenge vor der Schule und die Feuerwehr. Die Schule ist abgesperrt. Der Direktor gibt in der Turnhalle bekannt, dass der Unterricht später beginnt. Das Tagebuch ist eingefroren im Eis. In der dritten Stunde stößt Quentin aus Versehen seinen Ranzen um und es kommen lauter Luftballone zum Vorschein. In der Pause sagt Stella zu Quentin, dass er den Schulhof geflutet habe. Sie will es Herrn Fritsche sagen und geht zum Lehrerzimmer.
30	204–207 (142–144)	Quentin läuft ihr hinterher und leugnet, dass er das mit dem Schulhof war. Als Herr Fritsche die Tür aufmacht, »petzt« Stella, dass Quentin nur Luftballons in seinem Schulrucksack habe. Quentin behauptet, dass dies ein Streich seines Bruders war. Herrn Fritsche wird das alles zu bunt und er sperrt die beiden in das Besprechungszimmer.
31	208–212 (145–148)	Beide klopfen von innen gegen die verschlossene Tür, sollen aber von Herrn Fritsche erst herausgelassen werden, wenn sie sich versöhnt haben. Nach zehn Minuten Schweigen fragt Quentin Stella, warum sie ihn angelogen habe mit der Privatschule. Stella antwortet, dass ihre Familie dafür leider kein Geld habe. Nach einer weiteren Stunde werden sie von Herrn Fritsche »befreit«, ohne weiter miteinander gesprochen zu haben. Beide versprechen, einander nicht mehr zu ärgern. Das halten auch beide ein. Quentin trifft sich ab sofort mit Ritesh zum Lernen und bringt plötzlich gute Noten heim. Aber nach einiger Zeit will Quentin doch nicht, dass das Leben so langweilig weitergeht.
32	213–220 (149–153)	Quentin hat weiterhin das Ziel, Stella von der Schule zu vertreiben. Er findet in einer alten Bücherkiste zu Hause Stephen Kings Horrorroman »Carrie«. Das bringt ihn auf eine Idee: Er plant, beim Schulkonzert Stellas Auftritt zu versauen. Als Vinzent am frühen Abend vor dem Konzert bei Feli und Lasse klingelt, kann Quentin unbemerkt ein weißes Huhn stehlen, das er Ingrid nennt.
33	221–225 (154–157)	Mit Riteshs Hilfe, der als Bühnenhelfer fungiert, geht Quentin auf die Empore über der Bühne. Bei Stellas Auftritt, sie singt mit der Gitarre »Ein bisschen Frieden«, pustet Quentin Chilipulver auf die Bühne. Stella muss so niesen, dass sie noch einmal von der Bühne geht. Mit einer Angel holt Quentin Stellas Gitarre nach oben, dann kippt er die blaue Farbe von oben auf die Bühne, anschließend seilt er das Huhn auf die Bühne ab, das ins Publikum flattert. Und dann pupst Daniel, wie vereinbart, los. Als Quentin zum Hintereingang raus will, warten dort bereits Stella, Direktor Brandl und Ritesh auf ihn.
34	226–231 (158–162)	Es stellt sich heraus, dass Stella durch Ritesh in Quentins Plan eingeweiht war. Deshalb hat Quentin mit der Farbe auch die Schulpsychologin getroffen. Brandl beordert Quentin sofort in sein Büro. *Rahmenerzählung 4: Quentin erklärt Herrn Brandl, was er sich bei der Aktion gedacht hat. Stella kommt noch vorbei und sagt, sie sei für eine Zeugenaussage bereit. Da erklärt Quentin dem Rektor, dass Stella alles wusste. Der Rektor trifft eine salomonische Entscheidung: Beide müssen ab sofort nebeneinander in der ersten Reihe sitzen.*
35	232 (163)	Spätabends im Bett bittet Quentin seinen Bruder wieder um Hilfe. Gemeinsam schmieden sie den nächsten Plan.

WEITERFÜHRENDE LITERATURHINWEISE

Thematisch verwandte Jugendromane

- Terence Blacker: **Boy 2 Girl.** Weinheim und Basel: Beltz & Gelberg, 2024 (19. Auflage).
  Matts Leben in London wird erschüttert, als seine Eltern den Cousin Sam aus den USA bei sich aufnehmen. Sam ist 13, wie Matt, aber scharfzüngig, arrogant und anstrengend. Eine Mutprobe wird ihn schon ruhigstellen, denken Matt und seine Freunde: Sam soll sich in der ersten Woche in der Schule als Mädchen vorstellen. Entsetzt stellen sie fest, dass Sam die Mutprobe nicht nur annimmt, sondern sie mit Bravour zu bestehen scheint. Dann taucht auch noch Sams krimineller Vater in London auf. Gut, dass Sam jetzt wenigstens weiß, wer er sein will!

- Stefanie Höfler: **Mein Sommer mit Mucks.** Weinheim und Basel: Beltz & Gelberg, 2023 (12. Auflage).
  Zonja liebt es, im Schwimmbad Leute zu beobachten und Statistiken aufzustellen. Ihre Aufmerksamkeit und Neugier rettet Mucks das Leben: Mucks, der mit seinen abstehenden Ohren aussieht wie ein Außerirdischer, ist der erste Mensch seit Jahren, der ihr Freund werden könnte.
  Doch irgendwas stimmt überhaupt nicht mit ihm. Und es dauert diesen ganzen verrückten Sommer, bis Zonja herausfindet, warum Mucks nicht schwimmen kann und was es mit den blauen Flecken und dem Pfefferspray auf sich hat.

- Jörg Isermayer: **Alles andere als normal.** Weinheim und Basel: Beltz & Gelberg, 2023 (8. Auflage).
  Lukas ist zwölf, total normal und ... stinklangweilig. Findet er. Eigentlich ist das aber ganz okay – bis er Jule trifft. Jule, die auf alles eine Antwort weiß, die Fremden hinterherspioniert und sich dazu die verrücktesten Geschichten ausdenkt. Es ist spannend mit Jule, doch irgendwas stimmt nicht mit ihr. Was genau, erfährt Lukas erst, als die beiden einer Gruppe von organisierten Fahrraddieben auf die Spur kommen und herausfinden, dass Jules Bruder in die Sache verstrickt ist.

- Klaus Kordon: **Flaschenpost.** Weinheim und Basel: Beltz & Gelberg, 2022 (22. Auflage).
  Matze hofft insgeheim, dass seine Flaschenpost von der Spree bis nach Afrika oder Australien treibt. Doch dann antwortet ihm Lika aus Westberlin. Dem Teil der Stadt, der Matze so unbekannt ist wie ein fremdes Land. »Mein Name ist Matthias Loerke«, hatte Matze geschrieben. »Ich wohne in der Neuen Krugallee 72, DDR-1193 Berlin. Ich bin fast zwölf Jahre alt und gehe in die sechste Klasse. Wer diese Flaschenpost findet, soll mir schreiben. Ich schreibe garantiert zurück.« Als Lika aus Westberlin antwortet, ist Matze trotzdem nicht enttäuscht. Nur seine Eltern sind von der Brieffreundschaft nicht begeistert; Ostberlinern kann der Kontakt zu Menschen im Westen schaden. Und auch die Westler haben so ihre Bedenken. Doch Matze und Lika haben ihren eigenen Kopf – und sie schaffen es sogar, sich zu treffen.

- Louis Sachar: **Löcher.** Weinheim und Basel: Beltz & Gelberg, 2023 (28. Auflage).
  Der Außenseiter Stanley Yelnats landet unschuldig in einem Bootcamp in der texanischen Wüste. Die Aufgabe der einsitzenden Jungen ist ungewöhnlich: Sie sollen jeden Tag ein großes Loch in den harten Wüstenboden graben. Die autokratische Campchefin überwacht alles und alle. Durch Zufall findet Stanley dann den wahren Grund fürs Graben. Mit seinem Freund Zero flüchtet er aus dem Camp ... Eine mitreißende Geschichte über die Kraft der Freundschaft.

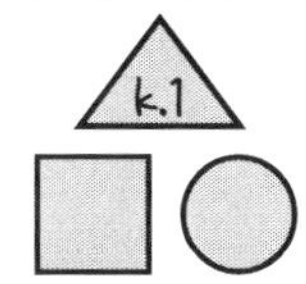

Lesezeichen und Zeilometer

Dieses Lesezeichen hilft dir, einzelne Textstellen zu finden: Lege dazu einfach das Zeilometer an den oberen Buchrand. Die Zahlen sind dann die jeweiligen Zeilen. Natürlich kannst du dein Zeilometer auch individuell gestalten.

Stephan Knösel

MASTER OF DISASTER

Chaos ist mein zweiter Name

GULLIVER

1 2 3 4 5 6 7 8 9 10 11 12 13 14 15 16 17 18 19 20 21 22 23 24 25

Stephan Knösel

MASTER OF DISASTER

Chaos ist mein zweiter Name

Kurzfassung in Einfacher Sprache

Einfache Sprache

GULLIVER

1 2 3 4 5 6 7 8 9 10 11 12 13 14 15 16 17 18 19 20 21 22 23

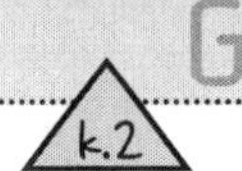

»Das absolut schlimmste Mädchen« (1)

1. Hast du alles vom Romananfang verstanden?

a) Fülle die Lücken mit den Wörtern aus dem Tipp-Kasten.

Quentin sitzt im Büro vom ____________________ .

Er hat ein Huhn neben sich, das ________________ heißt.

Er sagt dem Direktor, dass an der ganzen Geschichte ____________________ Schuld ist.

Sie heißt eigentlich Stella und ist seine ________________________ .

Quentin hofft, dass sie nach der Grundschule aufs ______________________________ geht.

Doch beim Infoabend sieht er ______________ .

Das ist ein großer ________________ für ihn.

Er überlegt abends mit seinem Bruder ____________________, wie er Stella loswerden kann.

Dann steht Stella plötzlich vor der ___________________ .

Zuerst versuchen die Jungs, sie mit ___________________________ zu bewerfen.

Doch Stella hebt eine auf und wirf sie Vinzent ins ________________ .

Sie ist gekommen, um Quentin einen ____________________ zu machen.

Er soll dafür sorgen, dass sie nicht mit ins __________________ gehen muss.

Dafür wird sie nicht auf seine Schule, sondern auf eine Privatschule wechseln.

Dann wäre Quentin sie ________________ .

Tipp

Diese Wörter passen in die Lücken. Aber Achtung! Sie sind durcheinander angeordnet.

Direktor • Gesicht • Gymnasium • Haustür • Ingrid • los • Mitschülerin • Schlumpfine • Schock • Stella • Vinzent • Vorschlag • Wasserbomben • Zeltlager

b) Wähle fünf Sätze aus und schreibe sie in dein Heft, Lesetagebuch oder deinen Leseordner.

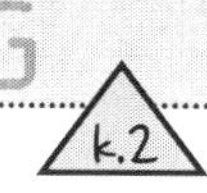

»Das absolut schlimmste Mädchen« (2)

2. a) Verbinde. Was gehört zu Stella, Quentin und Vinzent?

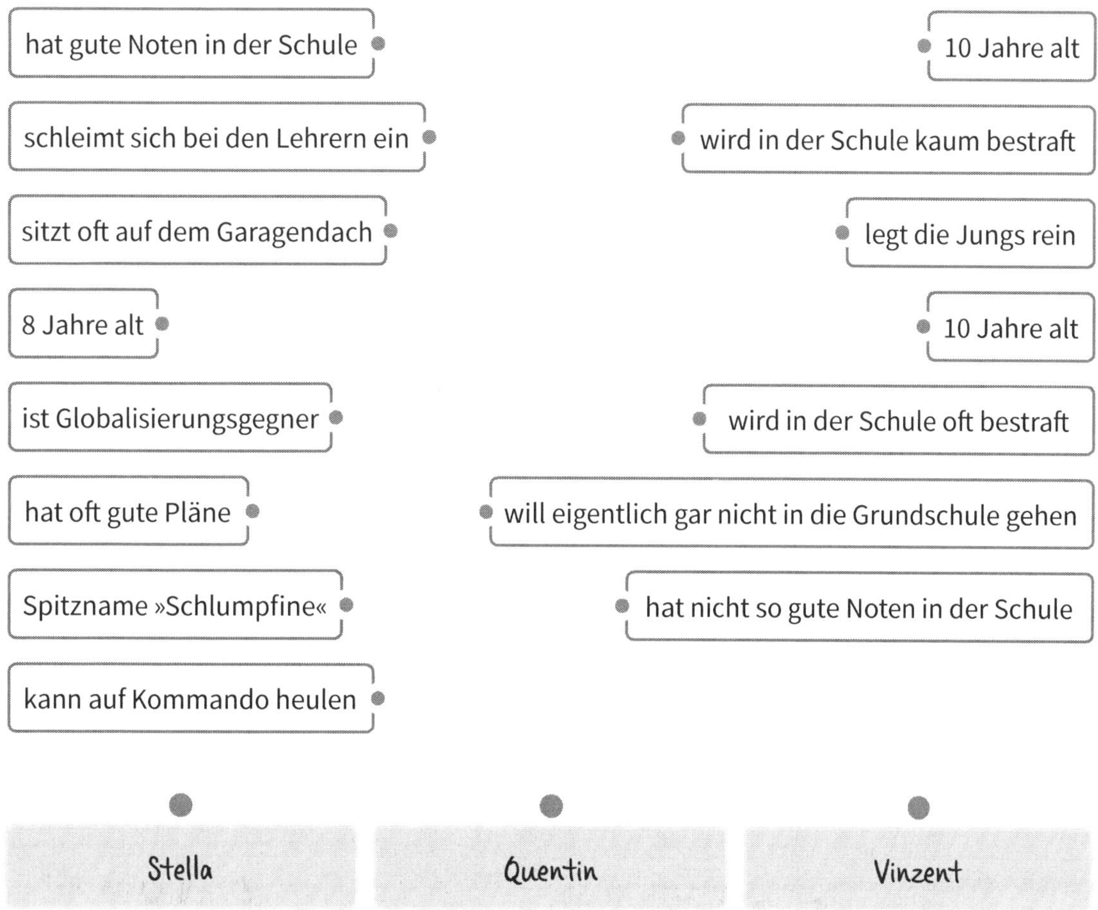

b) Schreibe nun mithilfe der Bausteine zu jeder Hauptfigur einige Sätze in dein Heft, dein Lesetagebuch oder deinen Leseordner.

3. In Kapitel 4 sprechen Stella und Quentin miteinander.

a) Unterstreiche das, was Stella sagt, mit Rot.
Unterstreiche das, was Quentin sagt, mit Blau.
Unterstreiche das, was die Mutter von Quentin sagt, mit Grün.

b) Lest die Szene mit verteilten Rollen.
Am besten liest eine vierte Person die Erzählerin bzw. den Erzähler.

4. Quentin soll Stella helfen, dass sie nicht ins Zeltlager muss.
Habt ihr eine Idee, was er machen könnte? Sprecht in der Klasse darüber.

»Das absolut schlimmste Mädchen« (1)

1. Hast du alles vom Romananfang verstanden? Fülle die Lücken und schreibe dann die Inhaltsangabe der ersten vier Kapitel in dein Heft, dein Lesetagebuch oder deinen Leseordner.

Quentin sitzt im Büro des ____________________. Er hat ein Huhn namens ____________________ neben sich und sagt dem Direktor, an der ganzen Geschichte sei eigentlich ____________________ schuld. Sie heißt eigentlich Stella und ist seit der ersten Grundschulklasse seine ____________________.

Besonders schlimm findet er an ihr, dass sie sich bei den Lehrern einschleimt. Quentin hofft, dass Stella nach der vierten Klasse aufs ____________________ geht, er selbst geht auf die Gesamtschule. Doch beim Infoabend der Gesamtschule sieht er ____________________.

Für ihn ist das ein großer Schock. Er überlegt abends auf dem ____________________ mit seinem Bruder ____________________, wie er Stella loswerden könnte. Dann steht Stella plötzlich vor der ____________________. Nachdem die Jungen vergeblich versuchen, Stella mit ____________________ zu bewerfen, trifft Stella mit einer Wasserbombe Vinzent ins ____________________. Sie ist gekommen, um mit Quentin zu reden, und macht ihm einen ____________________: Wenn er es schafft, dass sie nicht mit in das ____________________ in den Bergen muss, wird sie dafür sorgen, dass sie auf eine Privatschule geht. Dann wäre Quentin sie los.

Tipp

Aus diesen Silben bestehen die Lückenwörter. Drei Silben bleiben übrig, mit ihnen kannst du ein Wort bilden, das zum Buch passt.

ben • bom • dach • camp • Di • en • Fe • Ga • Ge • gen • grid • Gym • Haus • he • In • la • le • Mit • na • ne • pfi • ra • rek • ri • rin • schlag • Schlum • schu • schü • ser • si • sicht • Stel • tors • tür • Turn • um • Vin • Vor • Was • zent

»Das absolut schlimmste Mädchen« (2)

2. a) Verbinde. Was gehört zu Stella, Quentin und Vinzent?

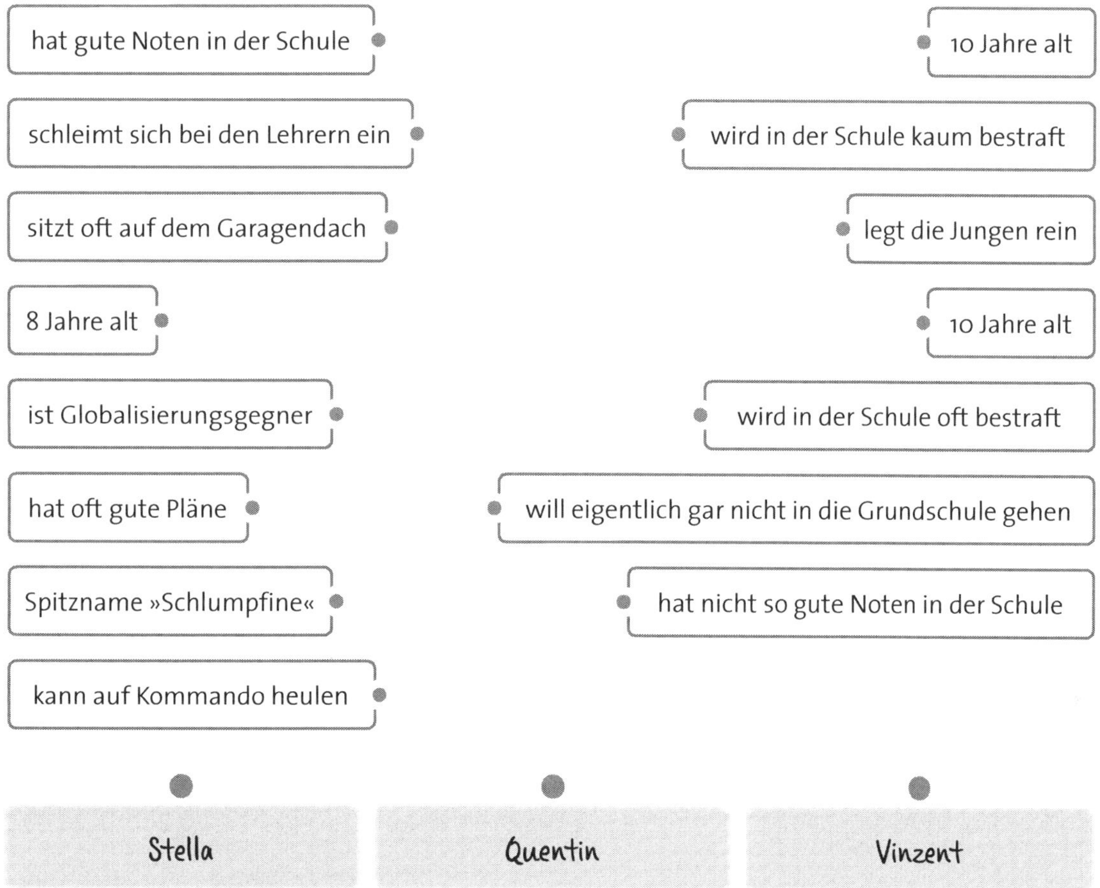

b) Schreibe nun mithilfe der Bausteine zu jeder Hauptfigur einige Sätze in dein Heft, dein Lesetagebuch oder deinen Leseordner.

3. Vinzent ist Globalisierungsgegner. Informiere dich über den Begriff »Globalisierung« und darüber, welche Ziele Globalisierungsgegner haben und in welchen Gruppen oder Organisationen sie politisch tätig sind. Stelle deine Ergebnisse der Klasse vor.

4. Der Autor der Geschichte, Stephan Knösel, benutzt oft Vergleiche, um das, was passiert, deutlicher oder witziger zu erzählen.
Vergleiche erkennst du zum Beispiel an den Wörtchen »wie« oder »als ob«.

a) Finde mindestens fünf dieser Vergleiche und schreibe sie in dein Heft, dein Lesetagebuch oder deinen Leseordner.

b) Finde für diese Textstellen eigene Vergleiche.

Beispiel: »Mein Vater schnaubte wie ein Rennpferd, das nicht aus dem Stall raus darf.«

Eigene Version: »Mein Vater schnaubte wie ein Krokodil, das gleich zubeißt.«

»Das absolut schlimmste Mädchen« (1)

1. Hast du alles vom Romananfang verstanden? Fülle die Lücken und schreibe dann die Inhaltsangabe der ersten vier Kapitel in dein Heft, dein Lesetagebuch oder deinen Leseordner.

Quentin sitzt im Büro des ____________________. Er hat ein Huhn namens ____________________ neben sich und sagt dem Direktor, an der ganzen Geschichte sei eigentlich __________________________ schuld. Sie heißt eigentlich Stella und ist seit der ersten Grundschulklasse seine __________________________.

Besonders schlimm findet er an ihr, dass sie sich bei den Lehrern einschleimt. Quentin hofft, dass Stella nach der vierten Klasse aufs __________________________ geht, er selbst geht auf die Gesamtschule. Doch beim Infoabend der Gesamtschule sieht er _________________.

Für ihn ist das ein großer Schock. Er überlegt abends auf dem ____________________________ mit seinem Bruder _________________, wie er Stella loswerden könnte. Dann steht Stella plötzlich vor der _________________. Nachdem die Jungen vergeblich versuchen, Stella mit __________________________ zu bewerfen, trifft Stella mit einer Wasserbombe Vinzent ins ___________________. Sie ist gekommen, um mit Quentin zu reden, und macht ihm einen _________________: Wenn er es schafft, dass sie nicht mit in das _______________________ in den Bergen muss, wird sie dafür sorgen, dass sie auf eine Privatschule geht. Dann wäre Quentin sie los.

»Das absolut schlimmste Mädchen« (2)

2. a) Verbinde. Was gehört zu Stella, Quentin und Vinzent?

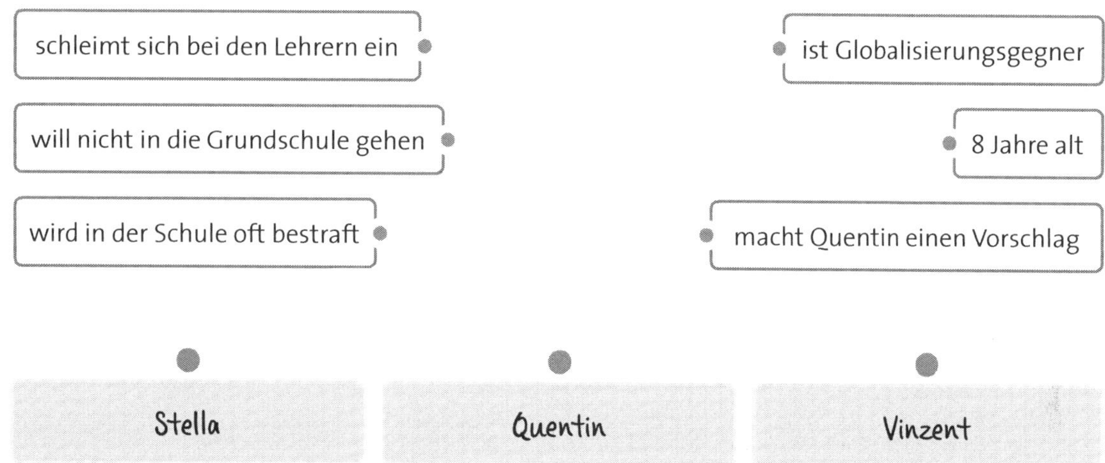

b) Finde zu jeder Hauptfigur drei weitere Eigenschaften, um sie näher zu beschreiben.

c) Schreibe nun mithilfe der Bausteine zu jeder Figur einige Sätze in dein Heft, Lesetagebuch oder deinen Leseordner.

3. Vinzent ist Globalisierungsgegner. Informiere dich über den Begriff »Globalisierung« und darüber, welche Ziele Globalisierungsgegner haben und in welchen Gruppen oder Organisationen sie politisch tätig sind. Stelle deine Ergebnisse der Klasse vor.

4. Der Autor der Geschichte, Stephan Knösel, benutzt oft Vergleiche, um das, was passiert, deutlicher oder witziger zu erzählen.
Vergleiche erkennst du zum Beispiel an den Wörtchen »wie« oder »als ob«.

a) Finde mindestens fünf dieser Vergleiche und schreibe sie in dein Heft, dein Lesetagebuch oder deinen Leseordner.

b) Finde für diese Textstellen eigene Vergleiche.

Beispiel: »Mein Vater schnaubte wie ein Rennpferd, das nicht aus dem Stall raus darf.«

Eigene Version: »Mein Vater schnaubte wie ein Krokodil, das gleich zubeißt.«

5. Erzähle das Gespräch mit Quentin (Kap. 4) aus Stellas Perspektive. Schreibe mindestens zehn Sätze.

So kannst du starten:
Dieser nervige Quentin wird auf dieselbe Schule wie ich kommen. Das musste ich verhindern! Ich hatte auch schon eine Idee. Abends nach dem Infoabend ging ich zu seinem Haus und sah die beiden Brüder …

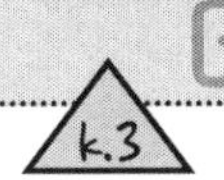

»Höhere Gewalt«

Quentin und Vinzent haben einen Plan …

1. Hier stehen Antworten, aber die Fragen dazu fehlen.
Suche mögliche Fragen zu den Antworten und schreibe beides jeweils in dein Heft, dein Lesetagebuch oder deinen Leseordner.

a) Er ist sauer, weil Quentin ihm eigentlich fünf Euro verspochen hat.

b) Stella soll einige Tage ins Feriencamp gehen, dann würde Quentin dafür sorgen, dass das Lager abgebrochen wird.

c) Er sagt ihr, dass auch die reichen Nachbarn Stolte-Nieben schon dort waren.

d) Zuerst wollen sie nach Mitterdorf und anschließend nach Kroatien ans Meer fahren.

e) Er lässt Onkel Jakob bei den Pfadfindern anrufen und ihre Teilnahme am Zeltlager stornieren.

Mögliche Fragen:

- Welchen Urlaubsbeschluss verkündet die Mutter den Kindern im Bett?
- Wie schafft es Quentin, dass er und Vinzent nicht ins Camp müssen?
- Warum ist Vinzent abends auf Quentin sauer?
- Welchen Plan berichtet Quentin Stella während der Theatervorführung?
- Womit versucht Quentin, seine Mutter von einem Urlaub in Kärnten zu überzeugen?

2. Stellt in Partnerarbeit das Gespräch zwischen Stella und Quentin am Notausgang (Kap. 6) oder im Technikraum (Kap. 7) in mindestens fünf Standbildern dar.

Lest dazu eure Szene aufmerksam und sucht Textstellen, zu denen ein Standbild besonders gut passt. Sammelt gemeinsam Ideen für die Körperhaltung, Gestik und Mimik der einzelnen Figuren. Notiert euch die Stellen im Text.

3. Quentin macht zahlreiche ungewöhnliche Dinge, damit seine Familie nach Mitterdorf fährt und er nicht ins Zeltlager muss.

a) Was stimmt nicht? Streiche die falschen Kästen durch.

schlägt seinem Vater vor, in die Berge zu fahren	verlässt die Theatervorstellung
belauscht abends seine Eltern	ruft im Hotel in Mitterdorf an
belügt seine Mutter, dass die Nachbarn auch schon in Mitterdorf waren	erzählt seiner Mutter, wie schön es in Mitterdorf ist
erzählt Stella von seinem Plan, dass das Zeltlager abgebrochen wird	geht in den Keller und sticht Löcher in die Isomatten
belügt seine Mutter, dass Stella bei den Pfadfindern angerufen hat	bittet Onkel Jakob, bei den Pfadfindern anzurufen
macht die Schlafsäcke im Keller nass	klaut ein Auto und fährt nach Kroatien

b) Welche Aktionen von Quentin findest du richtig? Welche nicht? Sprecht in der Klasse darüber. Begründe deine Meinung.

»Höhere Gewalt«

1. Hier stehen Antworten, aber die Fragen dazu fehlen. Überlege dir mögliche Fragen zu den vorgegebenen Antworten und schreibe beides jeweils in dein Heft, dein Lesetagebuch oder deinen Leseordner.

a) Er ist sauer, weil Quentin ihm eigentlich fünf Euro verspochen hat.

b) Stella soll einige Tage ins Feriencamp gehen, dann würde Quentin dafür sorgen, dass das Lager abgebrochen wird.

c) Er sagt ihr, dass auch die reichen Nachbarn Stolte-Nieben schon dort gewesen seien.

d) Zuerst wollen sie nach Mitterdorf in Kärnten, anschließend nach Kroatien ans Meer fahren.

e) Er lässt Onkel Jakob bei den Pfadfindern anrufen und ihre Teilnahme am Zeltlager stornieren.

Mögliche Fragen (Zwei bleiben übrig, kennst du die Antworten dazu?):

- Welchen Urlaubsbeschluss verkündet die Mutter den Kindern im Bett?
- Was teilt die Mutter den Jungen im Bett noch mit?
- Wie schafft es Quentin, dass er und Vinzent nicht ins Camp müssen?
- Warum ist Vinzent abends auf Quentin sauer?
- Welchen Plan berichtet Quentin Stella während der Theatervorführung?
- Auf wen lenkt Quentin den Verdacht in Bezug auf das Telefonat bei den Pfadfindern?
- Womit versucht Quentin, seine Mutter von einem Urlaub in Kärnten zu überzeugen?

2. Jetzt habt ihr Quentin, Stella und Vinzent, die Hauptfiguren des Buchs, schon ziemlich gut kennengelernt.

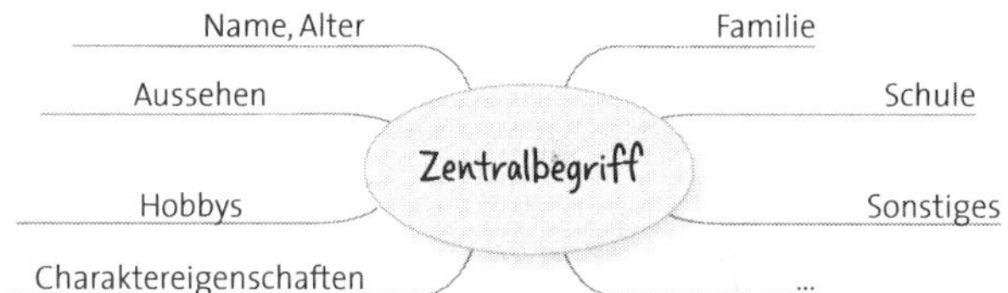

a) Erstellt zu zweit zu einer Figur eine Mindmap oder einen Steckbrief.

b) Wählt eine Hauptfigur aus. Zeichnet oder malt sie auf eine große Tapetenrolle oder ein großes Plakat und schreibt die Stichworte aus Aufgabe a) dazu.

c) Was denkst du über deine Hauptfigur? Findest du sie/ihn sympathisch? Wärst du gerne mit ihm/ihr befreundet? Begründe deine Meinung.

3. Stellt in Partnerarbeit das Gespräch zwischen Stella und Quentin am Notausgang (Kap. 6) oder im Technikraum (Kap. 7) in mindestens fünf Standbildern dar.

Lest dazu eure Szene aufmerksam und sucht Textstellen, zu denen ein Standbild besonders gut passt. Sammelt gemeinsam Ideen für die Körperhaltung, Gestik und Mimik der einzelnen Figuren. Notiert euch die Stellen im Text.

4. Quentin macht zahlreiche ungewöhnliche Dinge, um zu erreichen, dass seine Familie in den Ferien auch nach Mitterdorf in Kärnten fährt und er nicht in das Camp muss.

a) Finde Textstellen, wo beschrieben wird, was Quentin dazu alles unternimmt.

b) Welche dieser Aktionen findest du richtig? Welche falsch? Welche sind vielleicht gar nicht legal? Sprecht in der Klasse darüber. Begründe deine Meinung.

»Höhere Gewalt«

Quentin und Vinzent haben einen Plan …

1. Hier stehen Antworten, aber die Fragen dazu fehlen. Überlege dir mögliche Fragen zu den vorgegebenen Antworten und schreibe beides jeweils in dein Heft, dein Lesetagebuch oder deinen Leseordner.

a) Er ist sauer, weil Quentin ihm eigentlich fünf Euro verspochen hat.

b) Stella soll einige Tage ins Feriencamp gehen, dann würde Quentin dafür sorgen, dass das Lager abgebrochen wird.

c) Er sagt ihr, dass auch die reichen Nachbarn Stolte-Nieben schon dort gewesen seien.

d) Zuerst wollen sie nach Mitterdorf in Kärnten, anschließend nach Kroatien ans Meer fahren.

e) Er lässt Onkel Jakob bei den Pfadfindern anrufen und ihre Teilnahme am Zeltlager stornieren.

2. Jetzt habt ihr Quentin, Stella und Vinzent, die Hauptfiguren des Buchs, schon ziemlich gut kennengelernt.

a) Erstellt zu zweit zu einer Figur eine Mindmap oder einen Steckbrief.

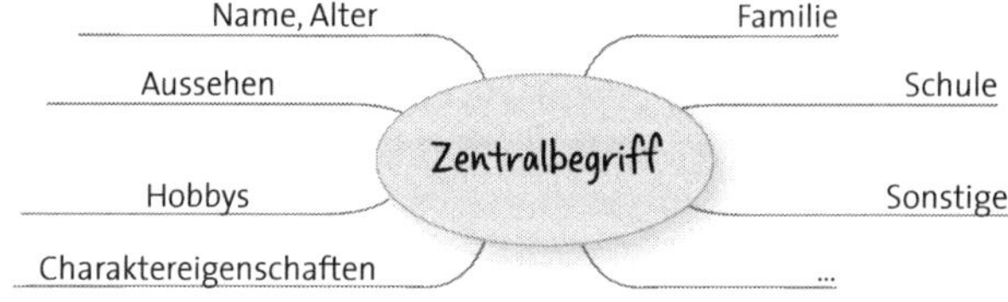

b) Wählt eine Hauptfigur aus. Zeichnet oder malt sie auf eine große Tapetenrolle oder ein großes Plakat und schreibt die Stichworte aus Aufgabe a) dazu.

c) Was denkst du über deine Hauptfigur? Findest du sie/ihn sympathisch? Wärst du gerne mit ihm/ihr befreundet? Begründe deine Meinung.

3. Stellt in Partnerarbeit eine der folgenden Szenen in mindestens fünf Standbildern dar:

- Stella und Quentin am Notausgang (Kap. 6)
- Stella und Quentin im Technikraum (Kap. 7)
- Die Jungs belauschen ihre Eltern und werden entdeckt (Kap. 8)
- Quentin und Onkel Jakob (Kap. 9)

4. Quentin macht zahlreiche ungewöhnliche Dinge, um zu erreichen, dass seine Familie in den Ferien auch nach Mitterdorf in Kärnten fährt und er nicht in das Camp muss.

a) Finde Textstellen, wo beschrieben wird, was Quentin dazu alles unternimmt.

b) Welche dieser Aktionen findest du richtig? Welche falsch? Welche sind vielleicht gar nicht legal? Sprecht in der Klasse darüber. Begründe deine Meinung.

5. Verfasse einen Tagebucheintrag von Quentins Mutter am Ende von Kapitel 9. Darin schildert sie die geänderten Urlaubspläne sowie ihre Gedanken und Gefühle dabei. Schreibe mindestens zehn Sätze in dein Heft, Lesetagebuch oder deinen Leseordner.

Liebes Tagebuch,
eigentlich wollten wir ja im Sommer nach Kroatien ans Meer. Aber nun fahren wir vorher auch noch in ein Wellnesshotel nach Mitterdorf in Österreich. Angefangen hat es damit, dass Quentin zu mir in die Gärtnerei kam …

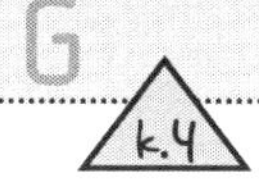

»Die sind doch nicht für mich …«

1. a) Bringe die folgenden Begriffe in die richtige Reihenfolge. Jeweils zwei Kästchen passen zu einem der Kapitel 10 bis 16. Trage die Kapitelnummern in die Kästchen ein.

zeigen Stella die Box mit den Tieren ☐	Stellas Lageplan auf dem Boden ☐	alte Frau mit Spinnen im Haar ☐	Insekten verursachen kein Chaos ☐
nachmittags mehr Tiere in Rucksäcke ☐	Spinnen sammeln statt Kinderkino ☐	Treffpunkt um Mitternacht am See ☐	Pferdefleisch auf der Speisekarte ☐
zu frühe Ankunft ☐	Chaos im Hotel ☐	Vinzents Idee für Feueralarm ☐	
Krabbeltiere in der Scheune ☐	altes Paar am Nachbartisch ☐	Hotelzimmerarrest ☐	

b) Schreibe nun die Begriffe in der richtigen Reihenfolge in dein Heft, Lesetagebuch oder deinen Leseordner.

2. Finde die folgenden Sätze im Buch und erkläre die Textstellen mit eigenen Worten in deinem Heft oder Lesetagebuch/-ordner.

a) »Na, da haben die ja Glück gehabt!«

b) »Ich bekam jetzt schon fast ein schlechtes Gewissen.«

c) »Die sind doch nicht für mich …«

d) »Nicht nur Stella war total enttäuscht, auch ich.«

3. Stephan Knösel baut in seinen Text immer wieder witzige Situationen oder Beschreibungen ein.

a) Wähle ein Kapitel aus, lies es durch und markiere am Rand Textstellen, die du als witzig empfindest:
Textstellen, die du als etwas witzig empfindest, bekommen <u>ein</u> Smiley ☺,
Textstellen mit mittlerer Witzigkeit <u>zwei</u> Smileys ☺☺ und
besonders witzige Textstellen <u>drei</u> ☺☺☺.

b) Erstelle eine Top-3-Rangliste der Textstellen, die für dich am witzigsten sind.

c) Tauscht euch in der Klasse über eure Ranglisten aus.

Folgende Textstellen könnten vielleicht in deiner Rangliste auftauchen:
Kap. 10: Würstchen (S. 53) • Kap. 11: Asteroid (S. 59) • Kap. 12: wilde Kuh (S. 64) • Kap. 13: spinnst du (S. 68) • Kap. 14: bestimmt gut (S. 71) • Kap. 15: Gehirn (S. 76) • Kap. 16: schreiende Frau (S. 78)

»Die sind doch nicht für mich …«

1. a) Bringe die folgenden Begriffe in die richtige Reihenfolge. Jeweils zwei Kästchen passen zu einem der Kapitel 10 bis 16. Trage die Kapitelnummern in die Kästchen ein.

zeigen Stella die Box mit den Tieren ☐	Stellas Lageplan auf dem Boden ☐	alte Frau mit Spinnen im Haar ☐	Insekten verursachen kein Chaos ☐
nachmittags mehr Tiere in Rucksäcke ☐	Spinnen sammeln statt Kinderkino ☐	Treffpunkt um Mitternacht am See ☐	Pferdefleisch auf der Speisekarte ☐
zu frühe Ankunft ☐	Chaos im Hotel ☐	Vinzents Idee für Feueralarm ☐	
Krabbeltiere in der Scheune ☐	altes Paar am Nachbartisch ☐	Hotelzimmerarrest ☐	

b) Verfasse mithilfe dieser Begriffe eine Inhaltsangabe (ca. 7–10 Sätze) dieses Buchteils.

> **Tipp**
>
> **So kannst du beginnen:**
>
> • Kapitel 10: *Quentins Familie kommt viel zu früh in Mitterdorf im Hotel an. Die Jungen gehen ins Restaurant und treffen dort auf ein altes Ehepaar, das ihnen sehr unsympathisch ist und das sie provozieren.*
>
> • Kapitel 11: *Weil Quentin dem Ehepaar gegenüber frech wird, bekommt er Hotelzimmerarrest. Vinzent …*

2. Finde die folgenden Sätze im Buch und erkläre die Textstellen mit eigenen Worten in deinem Heft oder Lesetagebuch/-ordner.

a) »Na, da haben die ja Glück gehabt!«

b) »Jetzt bekam ich schon fast ein schlechtes Gewissen.«

c) »Die sind doch nicht für mich …«

d) »So was nennt sich spontane Wunderheilung.«

3. Stephan Knösel baut in seinen Text immer wieder witzige bzw. komische Situationen oder Beschreibungen ein.

a) Wähle drei Kapitel aus, lies sie durch und markiere am Rand Textstellen, die du als komisch oder witzig empfindest: Textstellen, die du als etwas witzig empfindest, bekommen <u>ein</u> Smiley ☺, Textstellen mit mittlerer Witzigkeit <u>zwei</u> Smileys ☺☺ und besonders witzige Textstellen <u>drei</u> ☺☺☺.

b) Erstelle eine Top-3-Rangliste der Textstellen, die für dich am witzigsten sind.

c) Tauscht euch in der Klasse über eure Ranglisten aus.

> **Tipp**
>
> Folgende Textstellen könnten vielleicht in deiner Rangliste zu Kapitel 10 auftauchen: Direktor Polizei (S. 68) • Mutter genervt (S. 68) • Tür erfunden (S. 69) • Handy heimlich (S. 70) • Strahlung am Po (S. 70) • Dynamit (S. 71) • heilige Angelegenheit (S. 73) • Cevapcici (S. 74) • lauwarmer Apfelsaft (S. 74) • schlimmer als Kacke (S. 75) • Haare schimmeln (S. 75) • stinkt nach Schimmelentferner (S. 76) • Nacktschnecken (S. 76) • Stinkekäse (S. 77) • Zunge in der Nase (S. 78) • frische Luft (S. 78) • Glück gehabt (S. 79)

»Die sind doch nicht für mich …«

1. a) Bringe die folgenden Begriffe in die richtige Reihenfolge. Jeweils zwei Kästchen passen zu einem der Kapitel 10 bis 16. Trage die Kapitelnummern in die Kästchen ein.

zeigen Stella die Box mit den Tieren ☐	Stellas Lageplan auf dem Boden ☐	alte Frau mit Spinnen im Haar ☐	Insekten verursachen kein Chaos ☐
nachmittags mehr Tiere in Rucksäcke ☐	Spinnen sammeln statt Kinderkino ☐	Treffpunkt um Mitternacht am See ☐	Pferdefleisch auf der Speisekarte ☐
zu frühe Ankunft ☐	Chaos im Hotel ☐	Vinzents Idee für Feueralarm ☐	
Krabbeltiere in der Scheune ☐	altes Paar am Nachbartisch ☐	Hotelzimmerarrest ☐	

b) Verfasse mithilfe dieser Begriffe eine Inhaltsangabe (ca. 7–10 Sätze) dieses Buchteils.

2. Finde die folgenden Sätze im Buch und erkläre die Textstellen mit eigenen Worten in deinem Heft oder Lesetagebuch/-ordner.

a) »Na, da haben die ja Glück gehabt!«

b) »Jetzt bekam ich schon fast ein schlechtes Gewissen.«

c) »Die sind doch nicht für mich …«

d) »So was nennt sich spontane Wunderheilung.«

3. Stephan Knösel baut in seinen Text immer wieder witzige bzw. komische Situationen oder Beschreibungen ein.

a) Wähle drei Kapitel aus, lies sie durch und markiere am Rand Textstellen, die du als komisch oder witzig empfindest: Textstellen, die du als etwas witzig empfindest, bekommen ein Smiley ☺, Textstellen mit mittlerer Witzigkeit zwei Smileys ☺☺ und besonders witzige Textstellen drei ☺☺☺.

b) Erstelle eine Top-3-Rangliste der Textstellen, die für dich am witzigsten sind.

c) Tauscht euch in der Klasse über eure Ranglisten aus.

4. Bevor die beiden Brüder einschlafen (Ende von Kap. 16), sprechen sie noch über diesen aufregenden Tag und ihre Gedanken und Gefühle. Schreibe ihr Gespräch auf. Notiere mindestens 15 Sätze.

Quentin: War das dein Plan?
Vinzent: Ja.
Quentin: Aber besser wäre es gewesen, wenn es im Zeltlager funktioniert hätte, oder?
Vinzent: Schon. (grinst) Ich hatte mich so darauf gefreut, die ganzen Kinder schreiend wegrennen zu sehen.
Quentin: (lacht) Ich auch. Wie bist du eigentlich auf den Plan mit den Viechern gekommen?
Vinzent: …

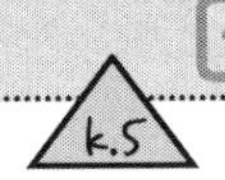

Stufe dreißig

Die Begegnung mit dem Maskottchen bringt Quentin auf eine neue Idee …

1. Wer sagt bzw. denkt das? Schreibe zu den Zitaten in dein Heft, Lesetagebuch oder deinen Leseordner die betreffende Figur und die Textstelle (Seitenzahl, Zeile).

a) Ja, Braunbären	b) Das ist nicht mal ein echter Löwe.	c) Das Trikot ziehen wir ihm natürlich aus.
d) Wir müssen das Beste daraus machen.	e) Wollt ihr die anderen etwa nur halb erschrecken?	f) Die haben aber Angst!

2. Auf Seite 88 gehen die drei ihren Plan noch einmal genau durch.

a) Was denkst du über den Plan? Ist er aus deiner Sicht gut durchdacht? Welche Probleme oder Hindernisse könnten sich ergeben? Schreibe deine Meinung in einigen Sätzen in dein Heft, dein Lesetagebuch oder deinen Leseordner. Begründe dabei auch deine Meinung.

b) Sprecht in der Klasse über den Plan der drei. Äußert eure Meinungen und begründet sie.

c) Stimmt dann darüber ab, ob ihr den Plan gut oder nicht so gut findet.

3. Immer wieder schildert der Ich-Erzähler Quentin, wie es ihm geht und was er fühlt.

a) Lies dir zwei der drei Kapitel 17–19 noch einmal durch.

b) Markiere am Rand oder durch Unterstreichung die Textstellen, aus denen du herauslesen kannst, wie es Quentin gerade geht.

c) Finde für jede dieser Textstellen passende Gefühlsadjektive, die die Gefühle von Quentin näher beschreiben. Schreibe diese auch an den Textrand.

d) Bilde mindestens drei »weil«-Sätze mit deinen Adjektiven.

____

____

____

____

Tipp

Wie fühlt sich Quentin? aggressiv • angespannt • ängstlich • ärgerlich • aufgeregt • entschlossen • entspannt • erfreut • erleichtert • erwartungsvoll • fassungslos • fremd • geschockt • glücklich • lustig • mutig • neugierig • überrascht • unsicher • verlassen • verlegen • verliebt • verstört • vertraut • verzweifelt • wütend • …

Stufe dreißig

Die Begegnung mit dem Maskottchen bringt Quentin auf eine neue Idee …

1. Wer sagt bzw. denkt das? Schreibe zu den Zitaten in dein Heft, dein Lesetagebuch oder deinen Leseordner die betreffende Figur und die Textstelle (Seitenzahl, Zeile).

a) »Nur ein Ferienjob«	b) »Ja, aber keine Grizzlys, nur Braunbären«	c) »Sagt mal, habt ihr sie noch alle?!«
d) »Das Trikot ziehen wir ihm natürlich aus!«	e) »Ich weiß jetzt, wie man den Löwen für einen Bären halten wird!«	f) »Wow, die haben aber Schiss!«
g) »Nur dass wir das gar nicht so geplant hatten.«	h) »So, jetzt können wir ab-hauen.«	i) »Hauptsache, ich war endlich frei!«

2. Auf Seite 129/130 gehen die drei ihren Plan noch einmal genau durch.

a) Was denkst du über den Plan? Ist er aus deiner Sicht gut durchdacht? Welche Probleme oder Hindernisse könnten sich ergeben? Schreibe deine Meinung in einigen Sätzen in dein Heft, dein Lesetagebuch oder deinen Leseordner. Begründe dabei auch deine Meinung.

b) Sprecht in der Klasse über den Plan der drei. Äußert eure Meinungen und begründet sie.

c) Stimmt dann darüber ab, ob ihr den Plan gut oder nicht so gut findet.

3. Immer wieder schildert der Ich-Erzähler Quentin, wie es ihm geht und was er fühlt.

a) Lies dir zwei der drei Kapitel 17–19 noch einmal durch.

b) Markiere am Rand oder durch Unterstreichung die Textstellen, aus denen du heraus-lesen kannst, wie es Quentin gerade geht.

c) Finde für jede dieser Textstellen passende Gefühlsadjektive, die die Gefühle von Quentin näher beschreiben. Schreibe diese auch an den Textrand.

d) Bilde mindestens drei »weil«-Sätze mit deinen Adjektiven.

Wie fühlt sich Quentin? aggressiv • angespannt • ängstlich • ärgerlich • aufgeregt • entschlossen • entspannt • erfreut • erleichtert • erwartungsvoll • fassungslos • fremd • geschockt • glücklich • lustig • mutig • neugierig • überrascht • unsicher • verlassen • verlegen • verliebt • verstört • vertraut • verzweifelt • wütend • …

4. Erstellt nun in Partnerarbeit mithilfe eurer Markierungen eine Stimmungskurve für Quentin, bezogen auf eines der drei Kapitel.

a) Verseht mindestens fünf Punkte eurer Kurve mit Schlagwörtern aus dem Text.

b) Vergleicht die Kurven in der Klasse. Welche Parallelen gibt es? Welche Unterschiede fallen euch auf? Diskutiert über unterschiedliche Einschätzungen und belegt eure Einschätzungen am Text.

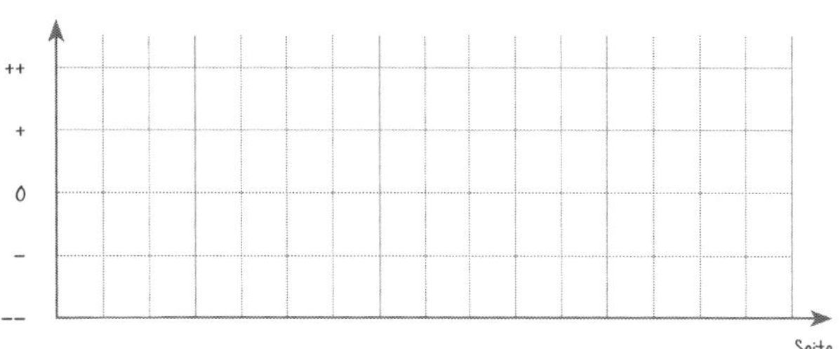

Stufe dreißig

Die Begegnung mit dem Maskottchen bringt Quentin auf eine neue Idee …

1. Wer sagt bzw. denkt das? Schreibe zu den Zitaten in dein Heft, dein Lesetagebuch oder deinen Leseordner die betreffende Figur und die Textstelle (Seitenzahl, Zeile).

a) »Nur ein Ferienjob«	b) »Ja, aber keine Grizzlys, nur Braunbären«	c) »Sagt mal, habt ihr sie noch alle?!«
d) »Das Trikot ziehen wir ihm natürlich aus!«	e) »Ich weiß jetzt, wie man den Löwen für einen Bären halten wird!«	f) »Wow, die haben aber Schiss!«
g) »Nur dass wir das gar nicht so geplant hatten.«	h) »So, jetzt können wir abhauen.«	i) »Hauptsache, ich war endlich frei!«

2. Auf Seite 129/130 gehen die drei ihren Plan noch einmal genau durch.

a) Was denkst du über den Plan? Ist er aus deiner Sicht gut durchdacht? Welche Probleme oder Hindernisse könnten sich ergeben? Schreibe deine Meinung in einigen Sätzen in dein Heft, dein Lesetagebuch oder deinen Leseordner. Begründe dabei auch deine Meinung.

b) Sprecht in der Klasse über den Plan der drei. Äußert eure Meinungen und begründet sie.

c) Stimmt dann darüber ab, ob ihr den Plan gut oder nicht so gut findet.

3. Immer wieder schildert der Ich-Erzähler Quentin, wie es ihm geht und was er fühlt.

a) Lies dir die drei Kapitel 17–19 noch einmal durch.

b) Markiere am Rand oder durch Unterstreichung die Textstellen, aus denen du herauslesen kannst, wie es Quentin gerade geht.

c) Finde für jede dieser Textstellen passende Gefühlsadjektive, die die Gefühle von Quentin näher beschreiben. Schreibe diese auch an den Textrand.

d) Schreibe einen Text in dein Heft, Lesetagebuch oder deinen Leseordner, der die Gefühle Quentins in diesen drei Kapiteln beschreibt. Verwende dazu die Gefühlsadjektive und weil-Sätze.

> **Tipp**
> Wie fühlt sich Quentin? aggressiv • angespannt • ängstlich • ärgerlich • aufgeregt • entschlossen • entspannt • erfreut • erleichtert • erwartungsvoll • fassungslos • fremd • geschockt • glücklich • lustig • mutig • neugierig • überrascht • unsicher • verlassen • verlegen • verliebt • verstört • vertraut • verzweifelt • wütend • …

4. Die »Mitterdorfer Neueste Nachrichten« möchten einige Tage später eine große Sensationsreportage über den Bärenvorfall im Ferienlager am See drucken. Schreibe diese Reportage und denke dir weitere Details zum Vorfall und Zitate der Beteiligten aus.

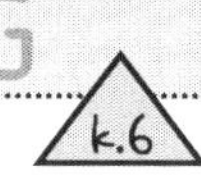

Ein besorgter Mitschüler

Der erste Schultag verläuft für Quentin anders als geplant …

1. Überprüfe am Text: Welche Aussagen sind richtig (r), welche falsch (f)? Kreuze an und ergänze jeweils den Textbezug (Seite/Zeile). Schreibe anschließend alle richtigen und korrigierten Sätze in dein Heft oder Lesetagebuch bzw. deinen Leseordner.

	r	f	Textbezug
a) Der Direktor bringt Stella als Nachzüglerin in die Klasse 5d.	○	○	
b) Quentin stellt sie in der Pause zur Rede, als sich plötzlich David dazwischendrängt, Quentin provoziert und ihm ein blaues Auge verpasst.	○	○	
c) Quentin vermutet, dass Stella Herrn Fritsche gesagt hat, Quentin habe den Streit angefangen.	○	○	
d) Quentin schreibt an mehrere Herren Mackerts einen Brief, dass Stella viel lieber bei ihnen in Berlin leben möchte.	○	○	
e) Weil dieser Streich misslingt, schreibt er nun einen Liebesbrief in Stellas Handschrift an Direktor Brandl.	○	○	

2. Stella spielt Quentin in den ersten Wochen des Schuljahres zahlreiche Streiche. Für welche Streiche ist Stella verantwortlich? Kreuze an.

- ☐ Mäppchen runterschmeißen
- ☐ Loch in Tintenpatrone
- ☐ Englisch-Spickzettel
- ☐ Stinkbombe in Malkasten
- ☐ Chili im Essen
- ☐ Sprüche am Jungsklo
- ☐ Kackhaufen auf Fahrradsattel
- ☐ 40 Euro von Frau Frach klauen

3. Mehrere Szenen eignen sich besonders gut, um sie im Rollenspiel darzustellen:

- Quentin stellt Stella zur Rede, Daniel kommt dazu (Kap. 20).
- Frau Frach spricht mit Stella und Quentin (Kap. 24).

a) Wählt in Dreiergruppen eine Szene aus.

b) Lest euch das betreffende Kapitel besonders aufmerksam mit verteilten Rollen durch.

c) Übt die Szene mehrmals im Rollenspiel und präsentiert sie dann vor der Klasse.

Hilfreich könnte es sein, die wörtliche Rede der Figuren im Text mit unterschiedlichen Farben zu markieren. Achtet beim Spielen vor allem auf die Gestik und Mimik der Figuren. Dazu hilft es, bei jedem Redeteil Hinweise zu Gestik und Mimik sowie Gefühlsadjektive am Textrand zu vermerken.

Ein besorgter Mitschüler

Der erste Schultag verläuft für Quentin anders als geplant …

1. Überprüfe am Text: Welche Aussagen sind richtig (r), welche falsch (f)? Kreuze an und ergänze jeweils den Textbezug (Seite/Zeile). Schreibe anschließend alle richtigen und korrigierten Sätze in dein Heft oder Lesetagebuch bzw. deinen Leseordner.

	r	f	Textbezug
a) Der Direktor bringt Stella als Nachzüglerin in die Klasse 5d.	◯	◯	
b) Quentin stellt sie in der Pause zur Rede, als sich plötzlich David dazwischendrängt, Quentin provoziert und ihm ein blaues Auge verpasst.	◯	◯	
c) Quentin vermutet, dass Stella Herrn Fritsche gesagt hat, Quentin habe den Streit angefangen.	◯	◯	
d) Quentin schreibt an mehrere Herren Mackerts einen Brief, dass Stella viel lieber bei ihnen in Berlin leben möchte.	◯	◯	
e) Weil dieser Streich misslingt, schreibt er nun einen Liebesbrief in Stellas Handschrift an Direktor Brandl.	◯	◯	

für Profis: Überlege dir drei eigene Sätze zu den Kapiteln 20–24. Deine Mitschülerinnen und Mitschüler müssen dann entscheiden, ob die Sätze richtig oder falsch sind, und die jeweilige Textstelle finden.

2. Stella spielt Quentin in den ersten Wochen des Schuljahres zahlreiche Streiche.

a) Nenne mindestens drei ihrer Streiche und schreibe dazu den Textbezug (Seite/Zeile) in dein Heft, dein Lesetagebuch oder deinen Leseordner.

b) Findet ihr, dass das, was Stella macht, Mobbing ist? Diskutiert in der Klasse darüber.

c) Wie könnte Quentin geholfen werden? Wie könnte er sich selbst helfen?

3. Mehrere Szenen eignen sich besonders gut, um sie im Rollenspiel darzustellen:

- Quentin stellt Stella zur Rede, Daniel kommt dazu (Kap. 20).
- Frau Frach spricht mit Stella und Quentin (Kap. 24).

a) Wählt in Dreiergruppen eine Szene aus.

b) Lest euch das betreffende Kapitel besonders aufmerksam mit verteilten Rollen durch.

c) Übt die Szene mehrmals im Rollenspiel und präsentiert sie dann vor der Klasse.

Tipp: Hilfreich könnte es sein, die wörtliche Rede der Figuren im Text mit unterschiedlichen Farben zu markieren. Achtet beim Spielen vor allem auf die Gestik und Mimik der Figuren. Dazu hilft es, bei jedem Redeteil Hinweise zu Gestik und Mimik sowie Gefühlsadjektive am Textrand zu vermerken.

für Profis: Vielleicht könnt ihr die Szene auch in Alter-Ego-Technik darstellen. Dabei wird jede Figur von zwei Darstellern verkörpert. Ein Schüler stellt dar, was die Figur sagt und macht, der andere Schüler stellt dar, was diese Figur denkt.

Ein besorgter Mitschüler

Der erste Schultag verläuft für Quentin anders als geplant …

1. Überprüfe am Text: Welche Aussagen sind richtig (r), welche falsch (f)? Kreuze an und ergänze jeweils den Textbezug (Seite/Zeile). Schreibe anschließend alle richtigen und korrigierten Sätze in dein Heft oder Lesetagebuch bzw. deinen Leseordner.

	r	f	Textbezug
a) Der Direktor bringt Stella als Nachzüglerin in die Klasse 5d.	◯	◯	
b) Quentin stellt sie in der Pause zur Rede, als sich plötzlich David dazwischendrängt, Quentin provoziert und ihm ein blaues Auge verpasst.	◯	◯	
c) Quentin schreibt an mehrere Herren Mackerts einen Brief, dass Stella viel lieber bei ihnen in Berlin leben möchte.	◯	◯	
d) Weil dieser Streich misslingt, schreibt er nun einen Liebesbrief in Stellas Handschrift an Direktor Brandl.	◯	◯	

2. Überlege dir fünf eigene Sätze zu den Kapiteln 20–24. Deine Mitschülerinnen und Mitschüler müssen dann entscheiden, ob die Sätze richtig oder falsch sind, und die jeweilige Textstelle finden.

3. Stella spielt Quentin in den ersten Wochen des Schuljahres zahlreiche Streiche.

a) Nenne mindestens sieben ihrer Streiche und schreibe dazu den Textbezug.

b) Findet ihr, dass das, was Stella macht, Mobbing ist? Schreibe einen kurzen Text dazu und begründe darin deine Meinung.

c) Wie könnte Quentin geholfen werden? Wie könnte er sich selbst helfen? Sprecht in der Klasse darüber.

4. Mehrere Szenen eignen sich besonders gut, um sie im Rollenspiel darzustellen:
- Quentin stellt Stella zur Rede, Daniel kommt dazu (Kap. 20).
- Frau Frach spricht mit Stella und Quentin (Kap. 24).

a) Wählt in Dreiergruppen eine Szene aus.

b) Lest euch das betreffende Kapitel besonders aufmerksam mit verteilten Rollen durch.

c) Übt die Szene mehrmals im Rollenspiel und präsentiert sie dann vor der Klasse.

5. Stella erfährt von ihrem Vater, dass er Quentins Brief bekommen hat. Schreibe das Telefonat auf (mindestens 15 Sätze).

Tipp

Vater: Hallo Stella! Na, wie geht's dir?
Stella: Gut. Warum rufst du mich denn an?
Vater: (*überlegt*) Mhm, du, ich habe da einen Brief bekommen …
Stella: (*überrascht*) Einen Brief? Von wem?
Vater: …

»Und woher das Wasser kriegen?«

Vinzent möchte mal wieder Schlittschuh laufen …

1. Verbinde die passenden Satzteile miteinander. Schreibe die Sätze anschließend in der richtigen Reihenfolge in dein Heft, dein Lesetagebuch oder deinen Leseordner und ergänze dabei die Lücken. Es ergibt sich eine Zusammenfassung der Kapitel 25–31.

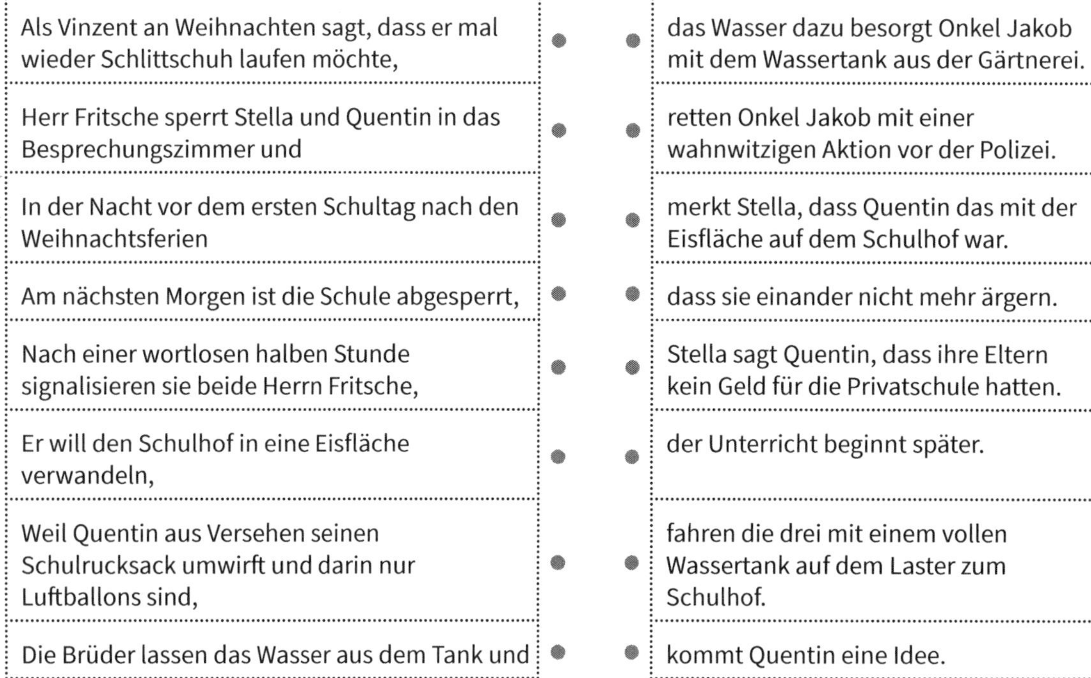

Als Vinzent an Weihnachten sagt, dass er mal wieder Schlittschuh laufen möchte,	das Wasser dazu besorgt Onkel Jakob mit dem Wassertank aus der Gärtnerei.
Herr Fritsche sperrt Stella und Quentin in das Besprechungszimmer und	retten Onkel Jakob mit einer wahnwitzigen Aktion vor der Polizei.
In der Nacht vor dem ersten Schultag nach den Weihnachtsferien	merkt Stella, dass Quentin das mit der Eisfläche auf dem Schulhof war.
Am nächsten Morgen ist die Schule abgesperrt,	dass sie einander nicht mehr ärgern.
Nach einer wortlosen halben Stunde signalisieren sie beide Herrn Fritsche,	Stella sagt Quentin, dass ihre Eltern kein Geld für die Privatschule hatten.
Er will den Schulhof in eine Eisfläche verwandeln,	der Unterricht beginnt später.
Weil Quentin aus Versehen seinen Schulrucksack umwirft und darin nur Luftballons sind,	fahren die drei mit einem vollen Wassertank auf dem Laster zum Schulhof.
Die Brüder lassen das Wasser aus dem Tank und	kommt Quentin eine Idee.

2. Beim Weihnachtsessen mit der Familie ändert Onkel Jakob offenbar seine Meinung, ob er Quentin bei seinem Streich helfen möchte oder nicht.

a) Was denkst du: Warum könnte Onkel Jakob seine Meinung ändern? Schreibe mindestens drei Sätze über deine Vermutungen. Sprecht in der Klasse darüber.

____

____

____

b) Wie findet ihr die Entscheidung von Onkel Jakob, Quentin bei seinem Plan zu helfen? Hätten das eure Eltern bzw. Onkel und Tanten auch für euch getan?

3. Male oder zeichne eine Szene der Kapitel 25–31: Beispielsweise wie Quentin und Vinzent den Schulhof unter Wasser setzen, wie Onkel Jakob in die Polizeikontrolle kommt oder wie im Klassenzimmer die Luftballons aus Quentins Schulrucksack fallen. Du kannst den Figuren auch Sprech- oder Denkblasen hinzufügen.

»Und woher das Wasser kriegen?«

1. Verbinde die passenden Satzteile miteinander. Schreibe die Sätze anschließend in der richtigen Reihenfolge in dein Heft, dein Lesetagebuch oder deinen Leseordner und ergänze dabei die Lücken. Es ergibt sich eine Zusammenfassung der Kapitel 25–31.

Als Vinzent an Weihnachten sagt, dass er mal wieder Schlittschuh laufen möchte,	das Wasser dazu besorgt Onkel Jakob mit dem Wassertank aus der ______.
Herr ______ sperrt Stella und Quentin in das Besprechungszimmer und	retten Onkel Jakob mit einer wahnwitzigen Aktion vor der ______.
In der Nacht vor dem ersten Schultag nach den Weihnachtsferien	merkt Stella, dass Quentin das mit der Eisfläche auf dem Schulhof war.
Am nächsten Morgen ist die ______ abgesperrt,	dass sie einander nicht mehr ärgern.
Nach einer wortlosen halben Stunde signalisieren sie beide Herrn Fritsche,	Stella sagt Quentin, dass ihre ______ kein Geld für die Privatschule hatten.
Er will den Schulhof in eine ______ verwandeln,	der Unterricht beginnt später.
Weil Quentin aus Versehen seinen Schulrucksack umwirft und darin nur ______ sind,	fahren die drei mit einem vollen Wassertank auf dem Laster zum ______.
Die Brüder lassen das ______ aus dem Tank und	kommt Quentin eine ______.

2. Beim Weihnachtsessen mit der Familie ändert Onkel Jakob offenbar seine Meinung, ob er Quentin bei seinem Streich helfen möchte oder nicht.

a) Was denkst du: Warum könnte Onkel Jakob seine Meinung ändern? Schreibe mindestens drei Sätze über deine Vermutungen. Sprecht in der Klasse darüber.

b) Wie findet ihr die Entscheidung von Onkel Jakob, Quentin bei seinem Plan zu helfen? Hätten das eure Eltern bzw. Onkel und Tanten auch für euch getan?

3. Quentin und Stella waren zusammen im Besprechungszimmer eingeschlossen (Kapitel 31). Stell dir vor, sie würden am Abend dieses Tages versuchen, ihre Erlebnisse und Gedanken in ihren Tagebüchern zu verarbeiten. Verfasse einen der beiden Tagebucheinträge.

Tipp

Darüber könntest du schreiben:
der Plan mit der Eisfläche • der Morgen im Chaos • die Luftballons • Gespräch mit Herrn Fritsche • zusammen im Besprechungszimmer • meine aktuellen Gedanken und Gefühle • Wie wird es in Zukunft sein?

So könntest du beginnen:
10. Januar
Ich bin noch ganz durcheinander von dem, was heute passiert ist. Alles hat damit angefangen, dass …

4. Male oder zeichne eine Szene der Kapitel 25–31: Beispielsweise wie Quentin und Vinzent den Schulhof unter Wasser setzen, wie Onkel Jakob in die Polizeikontrolle kommt oder wie im Klassenzimmer die Luftballons aus Quentins Schulrucksack fallen. Du kannst den Figuren auch Sprech- oder Denkblasen hinzufügen.

»Und woher das Wasser kriegen?«

Vinzent möchte mal wieder Schlittschuh laufen …

1. Verbinde die passenden Satzteile miteinander. Schreibe die Sätze anschließend in der richtigen Reihenfolge in dein Heft, dein Lesetagebuch oder deinen Leseordner und ergänze dabei die Lücken. Es ergibt sich eine Zusammenfassung der Kapitel 25–31.

Als Vinzent an Weihnachten sagt, dass er mal wieder Schlittschuh laufen möchte, •	• das Wasser dazu besorgt Onkel Jakob mit dem Wassertank aus der ______.
Herr ______ sperrt Stella und Quentin in das Besprechungszimmer und •	• retten Onkel Jakob mit einer wahnwitzigen Aktion vor der ______.
In der Nacht vor dem ersten Schultag nach den Weihnachtsferien •	• merkt Stella, dass Quentin das mit der Eisfläche auf dem Schulhof war.
Am nächsten Morgen ist die ______ abgesperrt, •	• dass sie einander nicht mehr ärgern.
Nach einer wortlosen halben Stunde signalisieren sie beide Herrn Fritsche, •	• Stella sagt Quentin, dass ihre ______ kein Geld für die Privatschule hatten.
Er will den Schulhof in eine ______ verwandeln, •	• der Unterricht beginnt später.
Weil Quentin aus Versehen seinen Schulrucksack umwirft und darin nur ______ sind, •	• fahren die drei mit einem vollen Wassertank auf dem Laster zum ______.
Die Brüder lassen das ______ aus dem Tank und •	• kommt Quentin eine ______.

2. Beim Weihnachtsessen mit der Familie ändert Onkel Jakob offenbar seine Meinung, ob er Quentin bei seinem Streich helfen möchte oder nicht.

a) Was denkst du: Warum könnte Onkel Jakob seine Meinung ändern? Schreibe mindestens fünf Sätze über deine Vermutungen. Sprecht in der Klasse darüber.

b) Wie findet ihr die Entscheidung von Onkel Jakob, Quentin bei seinem Plan zu helfen? Hätten das eure Eltern bzw. Onkel und Tanten auch für euch getan? Schreibe einen kurzen Text (mindestens zehn Sätze) darüber in dein Heft, Lesetagebuch oder deinen Leseordner.

3. Quentin und Stella waren zusammen im Besprechungszimmer eingeschlossen (Kapitel 31). Stell dir vor, sie würden am Abend dieses Tages versuchen, ihre Erlebnisse und Gedanken in ihren Tagebüchern zu verarbeiten. Verfasse ihre beiden Tagebucheinträge.

Tipp

Darüber könntest du schreiben:
der Plan mit der Eisfläche • der Morgen im Chaos • die Luftballons • Gespräch mit Herrn Fritsche • zusammen im Besprechungszimmer • meine aktuellen Gedanken und Gefühle • Wie wird es in Zukunft sein?

So könntest du beginnen:
10. Januar
Ich bin noch ganz durcheinander von dem, was heute passiert ist. Alles hat damit angefangen, dass …

4. Male oder zeichne eine Szene der Kapitel 25–31: Beispielsweise wie Quentin und Vinzent den Schulhof unter Wasser setzen, wie Onkel Jakob in die Polizeikontrolle kommt oder wie im Klassenzimmer die Luftballons aus Quentins Schulrucksack fallen. Du kannst den Figuren auch Sprech- oder Denkblasen hinzufügen.

Gespenstisch still

Quentin lässt sich für das Schulkonzert einen letzten ausgefeilten Plan einfallen …

1. Ergänze die Sätze und finde die jeweiligen Textstellen.

a) Weil Quentin den Horrorroman »Carrie« liest, kommt er auf die Idee, …

b) Mit einem Trick klauen Vinzent und Quentin von den Nachbarskindern Feli und Lasse …

c) Weil Ritesh Bühnenhelfer beim Schulkonzert ist, gelingt es Quentin, …

d) Zuerst pustet Quentin bei Stellas Auftritt Chilipulver auf die Bühne, danach …

e) Als Quentin zum Hinterausgang raus will, wird er schon von …

f) Am Ende bestraft Direktor Brandl die beiden Streithähne mit einer ungewöhnlichen Maßnahme: …

ein weißes Huhn.

Direktor Brandl, Stella und Ritesh erwartet.

Sie sitzen ab sofort nebeneinander in der ersten Reihe.

auf die Empore über die Bühne zu kommen.

holt er mit einer Angel die Gitarre hoch. Dann kippt er einen Farbeimer auf die Bühne. Er lässt das Huhn frei und sorgt dafür, dass Daniel pupst.

beim Schulkonzert den Auftritt von Stella zu versauen.

2. Am Ende stellt sich heraus, dass Stella über Quentins Plan Bescheid wusste.

a) Wer hat Stella über Quentins Plan informiert?

b) Was meinst du: Weshalb hat er Stella den Plan erzählt?

c) Findest du, dass seine Entscheidung, den Plan Stella zu erzählen, richtig war? Begründe deine Meinung. Wie hättest du an seiner Stelle gehandelt?

3. Gestaltet in Gruppen die Kapitel 32 bis 35 als Comic oder Fotostory. Geht dazu folgendermaßen vor:

a) Entscheidet euch für eines der Kapitel 32 bis 35.

b) Überlegt, wie viele Bilder ihr braucht. Legt ein »Storyboard« an, also eine Tabelle, in der ihr euch Notizen macht. Hier können schon Ideen für Sprech- oder Gedankenblasen oder auch für die Blocktexte unter dem Bild stehen. Hilfreich ist es auch, sich hier zu notieren, zu welchem Textabschnitt die jeweiligen Bilder passen.

c) Die einzelnen Bilder des Comics zeichnet ihr am besten auf ein DIN-A5-Blatt. Fotos sollten 11 cm × 18 cm oder größer sein. Ihr könnt die einzelnen Bildseiten noch verkleinern.

d) Die fertigen Bilder klebt ihr in der richtigen Reihenfolge auf ein Plakat, oder ihr fotokopiert sie und macht daraus ein kleines Heft.

Tipp

Noch ein paar Tipps:

- Euer Comic/eure Fotostory wird abwechslungsreicher, wenn ihr die »Einstellung« ändert. Die Filmanalyse kennt z. B. folgende *Einstellungsgrößen*: Detail (extreme close-up), Großaufnahme (close-up), Nahaufnahme (close shot), Totale (long shot), Weitaufnahme/Panoramaeinstellung (extreme long shot).
- Es wirkt auch gut, wenn ihr die *Einstellungsperspektive* (camera angle) wechselt: Untersicht (Froschperspektive), Normalsicht, Aufsicht (Vogelperspektive).
- Überlegt euch genau, wie ihr wichtige Szenen weiter gestaltet, zum Beispiel mit Bausteinen der Comicsprache (z. B. »RUMMMS«, »GACK«, »KREISCH«).

Gespenstisch still

1. Ergänze die Sätze in deinem Heft, Lesetagebuch oder Leseordner und finde die jeweiligen Textstellen.

a) Weil Quentin den Horrorroman »Carrie« liest, kommt er auf die Idee, ...

b) Mit einem Trick klauen Vinzent und Quentin von den Nachbarskindern Feli und Lasse ...

c) Weil Ritesh Bühnenhelfer beim Schulkonzert ist, gelingt es Quentin, ...

d) Zuerst pustet Quentin bei Stellas Auftritt Chilipulver auf die Bühne, danach ...

e) Als Quentin zum Hinterausgang raus will, wird er schon von ...

f) Am Ende bestraft Direktor Brandl die beiden Streithähne mit einer ungewöhnlichen Maßnahme: ...

2. Am Ende stellt sich heraus, dass Stella über Quentins Plan Bescheid wusste.

a) Wer hat Stella über Quentins Plan informiert?

b) Was meinst du: Weshalb hat er Stella den Plan erzählt?

c) Findest du, dass seine Entscheidung, den Plan Stella zu erzählen, richtig war? Begründe deine Meinung. Wie hättest du an seiner Stelle gehandelt?

3. Gestaltet in Gruppen die Kapitel 32 bis 35 als Comic oder Fotostory. Geht dazu folgendermaßen vor:

a) Entscheidet euch für eines der Kapitel 32 bis 35.

b) Überlegt, wie viele Bilder ihr braucht. Legt ein »Storyboard« an, also eine Tabelle, in der ihr euch Notizen macht.
Hier können schon Ideen für Sprech- oder Gedankenblasen oder auch für die Blocktexte unter dem Bild stehen.
Hilfreich ist es auch, sich hier zu notieren, zu welchem Textabschnitt die jeweiligen Bilder passen.

Tipp

Noch ein paar Tipps:

- Euer Comic/eure Fotostory wird abwechslungsreicher, wenn ihr die »Einstellung« ändert. Die Filmanalyse kennt folgende *Einstellungsgrößen*: Detail (extreme close-up), Großaufnahme (close-up), Nahaufnahme (close shot), Amerikanische Einstellung (medium shot), Halbnahaufnahme (full shot), Halbtotale (medium long shot), Totale (long shot), Weitaufnahme/Panoramaeinstellung (extreme long shot).
- Es wirkt auch gut, wenn ihr die *Einstellungsperspektive* (camera angle) wechselt: Untersicht (Froschperspektive), Normalsicht, Aufsicht (Vogelperspektive).
- Überlegt euch genau, wie ihr wichtige Szenen weiter gestaltet, zum Beispiel mit Bausteinen der Comicsprache (z. B. »RUMMMS«, »GACK«, »KREISCH«).
- Oft macht es einen großen Unterschied, ob das Bild im Quer- oder Hochformat steht.

c) Die einzelnen Bilder des Comics zeichnet ihr am besten auf ein DIN-A5-Blatt. Die Fotos sollten 11 cm × 18 cm oder größer sein. Wenn es am Schluss nötig ist, könnt ihr die einzelnen Bildseiten noch verkleinern.

d) Die fertigen Bilder klebt ihr in der richtigen Reihenfolge auf ein Plakat, oder ihr fotokopiert sie und macht daraus ein kleines Heft.

Gespenstisch still

1. Ergänze die Sätze in deinem Heft, Lesetagebuch oder Leseordner und finde die jeweiligen Textstellen.

a) Weil Quentin den Horrorroman »Carrie« liest, kommt er auf die Idee, ...

b) Mit einem Trick klauen Vinzent und Quentin von den Nachbarskindern Feli und Lasse ...

c) Weil Ritesh Bühnenhelfer beim Schulkonzert ist, gelingt es Quentin, ...

d) Zuerst pustet Quentin bei Stellas Auftritt Chilipulver auf die Bühne, danach ...

e) Als Quentin zum Hinterausgang raus will, wird er schon von ...

f) Am Ende bestraft Direktor Brandl die beiden Streithähne mit einer ungewöhnlichen Maßnahme: ...

2. Ritesh denkt abends noch einmal über die letzten Wochen und den heutigen Tag nach.
Verfasse einen ausführlichen Tagebucheintrag (mindestens 15 Sätze), der die Ereignisse und seine Gedanken und Gefühle darstellt.

So kannst du beginnen:
Liebes Tagebuch, du glaubst gar nicht, was in der letzten Zeit passiert ist …

3. Gestaltet in Gruppen die Kapitel 32 bis 35 als Comic oder Fotostory. Geht dazu folgendermaßen vor:

a) Entscheidet euch für eines der Kapitel 32 bis 35.

b) Überlegt, wie viele Bilder ihr braucht. Legt ein »Storyboard« an, also eine Tabelle, in der ihr euch Notizen macht.
Hier können schon Ideen für Sprech- oder Gedankenblasen oder auch für die Blocktexte unter dem Bild stehen.
Hilfreich ist es auch, sich hier zu notieren, zu welchem Textabschnitt die jeweiligen Bilder passen.

Noch ein paar Tipps:

- Euer Comic/eure Fotostory wird abwechslungsreicher, wenn ihr die »Einstellung« ändert. Die Filmanalyse kennt folgende *Einstellungsgrößen*: Detail (extreme close-up), Großaufnahme (close-up), Nahaufnahme (close shot), Amerikanische Einstellung (medium shot), Halbnahaufnahme (full shot), Halbtotale (medium long shot), Totale (long shot), Weitaufnahme/Panoramaeinstellung (extreme long shot).
- Es wirkt auch gut, wenn ihr die *Einstellungsperspektive* (camera angle) wechselt: Untersicht (Froschperspektive), Normalsicht, Aufsicht (Vogelperspektive).
- Überlegt euch genau, wie ihr wichtige Szenen weiter gestaltet, zum Beispiel mit Bausteinen der Comicsprache (z. B. »RUMMMS«, »GACK«, »KREISCH«).
- Oft macht es einen großen Unterschied, ob das Bild im Quer- oder Hochformat steht.

c) Die einzelnen Bilder des Comics zeichnet ihr am besten auf ein DIN-A5-Blatt. Die Fotos sollten 11 cm × 18 cm oder größer sein. Wenn es am Schluss nötig ist, könnt ihr die einzelnen Bildseiten noch verkleinern.

d) Die fertigen Bilder klebt ihr in der richtigen Reihenfolge auf ein Plakat, oder ihr fotokopiert sie und macht daraus ein kleines Heft.

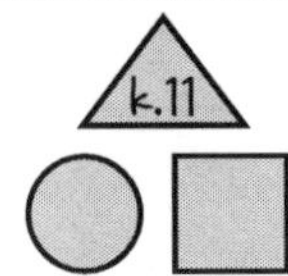

Das Schlimmste

1. Im Laufe des Buchs spielen Quentin, Vinzent und Stella zahlreiche Streiche. Entscheide nun, wie gelungen du diese Streiche findest. Der Streich, den du am besten findest, bekommt die »1«, der zweitbeste Streich die »2« und so weiter.

☐ mit Wasserbomben abwerfen	☐ altes Ehepaar provozieren	☐ Brief an den Vater in Berlin
☐ Krabbeltiere im Zelt	☐ Bärenalarm im Löwenkostüm	☐ Schulsachen vom Tisch werfen
☐ Kinderaufkleber aufs Fahrrad	☐ Sportsachen aus der Umkleidekabine verstecken	☐ Geld klauen und es jemandem in die Schuhe schieben
☐ Liebesbrief an den Lehrer	☐ Schulhof als Eisbahn	☐ Feueralarm im Hotel
☐ versauter Auftritt beim Schulkonzert		

2. »Master of Disaster« ist oft spannend. Erstelle in deinem Heft, Lesetagebuch oder Leseordner auf einem DIN-A4-Blatt eine Spannungskurve des Buchs.

a) Markiere besondere Höhe- und Tiefpunkte mit Schlagwörtern aus dem Text.

b) Vergleicht eure Kurven und sprecht über eure Texteindrücke. Welche Gemeinsamkeiten haben eure Kurven? Welche Unterschiede fallen auf?

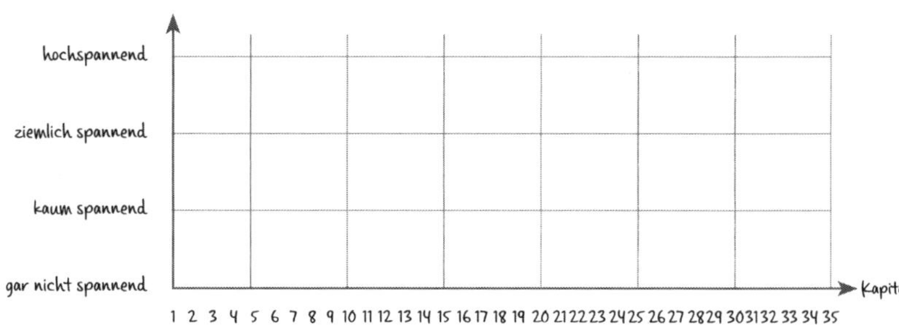

3. Erarbeitet ein Interview mit Stella, Quentin oder einer anderen Figur eurer Wahl am Ende des Romans. Du kannst das Interview entweder aufschreiben oder mit einer Partnerin/einem Partner spielen oder aufnehmen.

Tipp

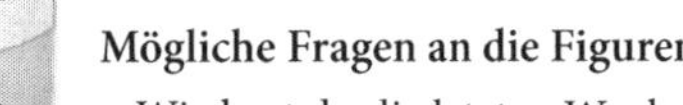

Mögliche Fragen an die Figuren:

- Wie hast du die letzten Wochen erlebt?
- Wie geht es dir im Moment?
- Welche Situation hat dich in den letzten Wochen am meisten gefreut?
- Welche Situation hat dich in den letzten Wochen am meisten belastet oder geärgert?
- Was denkst du: Wie wird es mit Quentin und Stella weitergehen?

4. Stephan Knösel, der Autor des Romans, lässt als Rahmenhandlung Quentin beim Direktor im Büro sitzen und die ganze Geschichte im Rückblick erzählen.

a) Was war deine Vermutung am Anfang, wieso Quentin von der Schule fliegen sollte?

b) Welche Rolle hätte das Huhn spielen können?

c) Angenommen, du wärst Direktor Brandl: Würdest du Quentin von der Schule werfen?

d) Findest du die Strafe von Direktor Brandl gut? Begründe deine Meinung.